JN060385

ALL-WIN の成功論

大切なあなたのStorys

都築建人

TSUZUKI Kento

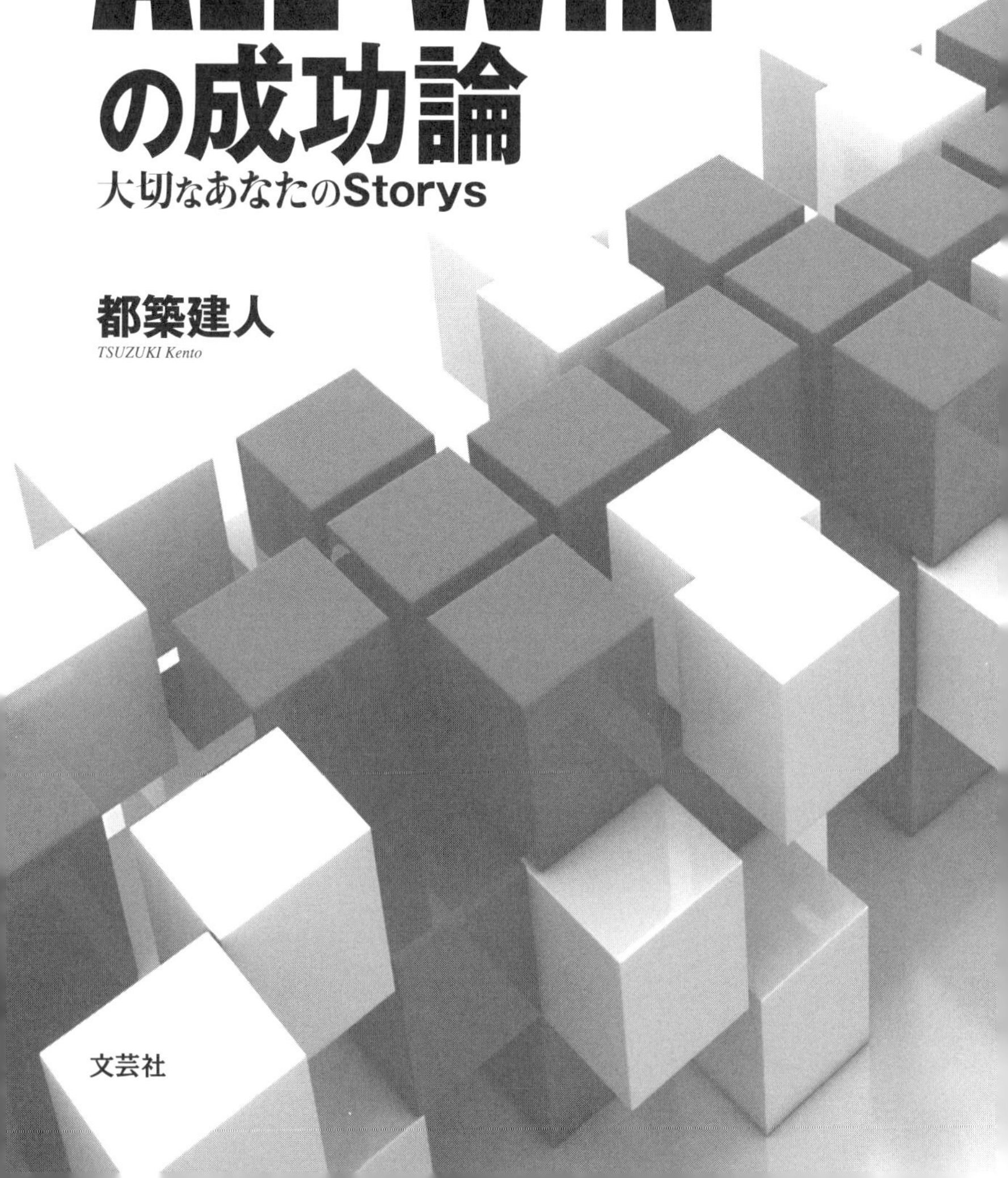

文芸社

はじめに

「今までの成功論が変わる。いや、アップグレードできる」

私がそう考えだしたのが、新型コロナウイルスの第一波が落ち着いた令和二年六月頃、初夏の装いとともに梅雨に入る頃だったと記憶しています。


過去に説かれている古典的な「成功論」を改めて紐解くと、それは方法論ではなく、成功に関しての心の教えそのものでした。唯物論が蔓延している世の中ですが、これからの時代はその逆で、成功を目指すのならば、心の教えを学び、目に見えないものを信じること、すなわち〝信仰〟が必要だろうと考えました。

そして、真の成功とは何だろう？　と、時代の狭間で改めて問うてみようという思いに至り、本書を書くことにしたのです。

私は作家ではありませんし、単なる零細企業の経営者です。しかも、理系です。

これまでにビジネス書はかなり読みましたが、年を重ねるごとに、旧態依然の経営方法や古典的なビジネス成功論が実態と乖離していることは実感していました。ビジネス書が「理論書」から「指南書」へと変わってきていたのです。それは、なぜか。要はビジネスの要諦、つまり価値基準が、「見えるもの（株価、実績、時価総額）」のみで、「見えないもの（信用、情、心）」ではないことからでしょう。

「ビジネスは、それしか基準がないだろう」とお叱りを受けそうですが、では、この困難続く社会情勢を、どのようにしたら乗り越えられるでしょうか。夢が描けるでしょうか。誰も先が見通せない中、保証能力や不動産による担保に基づいた数字が、果たして信用できるのでしょうか。

これからの世の中は、善なる心の教えに基づく成功論でないと、実現することが難しくなると私は思います。なぜなら、物から心へと価値が移行している、というか、本来の形に戻ってきているからです。哲学的に言うと「形而下から形而上への価値の転換」とも言えます。

「物理」という言葉が、この3次元地上界での物の理《ことわり》を表すように、「神理《しんり》」があります。それは、3次元地上界（この世）でも、多次元実在界（あの世）でも絶対的なルールです。すなわち、我々が新時代に望む成功や繁栄は、神の造られた神理を理解し、それを基に素直に日々の生活を送ることで得られるのです。決して難しいことではありません。とても単純明快です。

この『ALL‐WINの成功論　――大切なあなたのStorys』は、I章の三〇のルールで概ね説明できます。そして、愛や感謝、利他の思い、和する心――このような、ごく当たり前のことが、この成功論のベースとなっています。

最後までお読みいただけると幸いです。

二〇二一年一〇月

都築建人

目次

Chapter Ⅱ　心に響く言葉たち

Chapter Ⅲ 考察・トピックス ―――― 157

0

回想

二〇年前の私、今の私

この項は、表題の『ALL-WINの成功論――大切なあなたのStorys』の前段階の話、この乱気流の社会情勢の中、どうして私が「ALL-WINの成功論」を考えるに至ったかの回想です。

二〇年も前のことですが、私と兄は「後継ぎ」に関する書籍を世に出しました。これは、多くの零細・中小企業の抱える問題を自伝的に取り上げたものです。

話の大筋としては、アナログなやり方で日本中を駆け回る人気講演家・研修家の兄と、デジタル思考でCGなどを駆使して設計事務所を営む弟（私）が、実家の工務店の「後継ぎ」という問題を通じて、その在り方を考え、行動していく様を描いたものです。

当時は今みたいなM&Aという言葉はなく、「家業は長男が継ぐもの」という風潮が当たり前でした。後継ぎは、多くの場合、子供の性格や資質にかかわらず、既定路線として決められたものだったのです。ですが我が家の後継ぎは、創業者であり代表取締役であった私の父を含め、三人三様の葛藤がありました。

父は優しい人でした。子供の教育方針も、減点主義ではなく加点主義で、例えば私がテストで六〇点を取ると、怒られるどころか、「よくできた。あと四〇点も伸びしろがあるじゃないか」と激励してくれる人でした。そんな家庭環境でも、稼業に関しては、「継げ」「いや、継がない」というような会話が毎日のように繰り返されていたことを覚えています。

当時の心境では、「後を継ぐこと」は「必ずしも家業にこだわる必要がない」ということが、兄弟での共通認識でした。要はお互いに自分の選んだ道を歩みたかったのです。「実家の会社の企業ビジョンを受け継ぎ、発展させること」に解釈を得て、兄は兄でこの二〇年間、講演家・研修家として全国の一線を走ってきました。私も年齢を重ねるごとに多くのお客様に恵まれて、数々の建築設計に携わってきました。ただ、実家の会社の創業者であり、最期まで代表取締役であった、他界した父には可哀想なことをしたと思い、感謝しつつも、今でも心の中で謝っています。

「後継ぎ」に関してまず言えることは、長年の会社の慣習にあまりとらわれないことだと思います。もちろん、昔ながらの文化・伝統、老舗の味の継承などの場合は別です。一般的には「後継ぎ」で子供が社長になっても、親が会長を務め、命ある限り院政を敷くということは多々あります。それは親心に基づくものでしょう。ですが、もっと後継者へ裁量を渡したらどうでしょうか。そうしないと、時代に合った新陳代謝が図れません。

後継者の方も、一旦「後を継ぐ」と決めたなら、自分で〝背水の陣〟を敷く覚悟で、その仕事にベストを尽くすべきです。その時に必要なことは「良好なコミュニケーション」です。これができると、質の良い人間関係を築けるばかりでなく、自分の評価を上げることにもなります。また、今まで先代に仕えてきた従業員《はえぬき》との対峙もあります。うまくいく場合もあるし、うまくいかない場合もあるでしょう。原則として、「後継ぎ」した社長は、自分のブレーンを持ち、時間をかけてボトムアップしていくことが必要です。いわゆるヒューマン・ウェアの育成です。

先代や生え抜きとの仕事のやり方の違いは、時に軋轢を生み、ストレスとなるでしょう。そんな時は、知恵を持ち、耐え忍ぶことが肝要です。時間が経ち、あなたが常日頃から謙虚に、正しい言葉や考え、行動を行っていたら、ある年齢になれば、あなたの言葉は世の中に通るようになります。それは、あなたの人間力が増すからです。

次に、実務的なアドバイス、仕事ができるようになる具体的な手法です。目標設定と日常のスケジュール、タスクを管理するために、アナログの手帳を持ちましょう。私の経験上、これは最高のツールです。まず、いろいろなことを書き込んで、優先順位をつけて整理し、行動しましょう。カラー化も必要です。慣れてくれば、平面で書いている内容が、だんだん3次元として捉えられて、前段取りが自然にできるようになります。だまされたと思って試してみてください。必ず成果があがります。

そして最後に、後継者が一番やらなければいけないことは、自社の「コア・コンピタンス」の見極めと強化です。そこが会社の強みであり、長く収益を生んでくれる部分です。そして、それは常に「新しいスタンダード」を育むことを意味します。

当時、兄弟で語った「後継ぎ」に関する見解は、概ね以上のようなものだったと記憶しています。

結局、我々兄弟は自分の進みたい道を選びました。

兄は講演・研修で様々なスキル（プレゼンテーション、コミュニケーション、タイムマネジメント等）を教えていましたので、私もずいぶんそのノウハウを知ることができました。職種、生活圏、性格に違いはあれど、持ちつ持たれつで、兄弟二人とも成功を求めて日々を重ね、気がつけば、人生一回りに近い年齢となっていました。

「成功」という言葉には、不思議な響きがあります。言ってみれば〝勝者のオーラ〟です。当時は私も、金銭的、物的、肩書的なアイテムをできるだけ多く入手することが成功だと考えていました。けれど私の場合、田舎暮らしですし、結婚し、子供を育て、地域の人と共存しながら会社を経営することは、大きなことを望まない限り、苦痛ではありません。むしろ充実しています。それは、周囲の人々の喜ぶ顔がリアルに見えるからです。また、今考えると、実家の会社の企業ビジョンであった「無借金経営」「自己責任」「現場第一主義」が、いつの間にか私の考えの下地となっていたのかもしれません。それは今でも守っています。

しかしながら、巷の「成功論」が頭に入っていたとは言え、経営は順風満帆な時期ばかりではありませんでした。社会情勢によって浮き沈みがあるからです。順風の時はいいのですが、逆風をどう乗り切るか。そこが経営者の手腕の見せどころです。また、会社の成長期の最先端のことをすればするほど、競合を生んでしまい、経営が悪化してしまうこともありました。世間で流行っている「目標を掲げ、具体的に動く成功論」や「思ったことを引き寄せる自己実現論」は、道理はわかるのですが、私の置かれている地方の環境や、零細企業体質には当てはまらないことの方が多かったような気がします。腑に落ちないのです。

だったらどうするか。結局〝自分で答えを求める〟しかなかったのです。

私にとって「後継ぎ」の問題はスタートラインであって「成功」へのゴールではありませんでした。この二〇年間、「後継ぎ」という社会通念にそれなりの答を出しましたが、いまだ本当の意味での「成功」は手に入れていないと思います。

時代は一瞬で変わります。現在、先の見通せないコロナ禍は、順風と言えていた人々の生活までもを脅かす社会を生み出しています。兄のいる都会では対面での講演・研修業の需要の減少、私のいる地方では民間企業の建設投資の減少、ウッドショック、予算の減額、資材の高騰などで、「成功」はおろか、一歩間違えば「倒産」の危機まで予想される状態です。どうやら今までの社会の扉が閉まろうとしているようにも見えるし、それと同時に新しい社会の扉が少しずつ開き始めている予兆のようにも見えます。そして、このコロナ禍が終息する頃には、様々なものや価値が変わっているように感じます。歴史は繰り返すからです。

企業を経営していると、良いことも悪いこともあります。見通しとしては、今後しばらくの間に、売上第一、利益第一、企業第一の、「この世的な成功」という近年の前提が崩れていくでしょう。

「成功」には法則があるように見えますが、具体的にその手順を逐一解説している書籍はありません。このような中で「成功」を目指すことは、一見大変難しいように思えます。そして、「成功」の概念は人それぞれ異なるのです。

私自身のつたない経験ではありますが、確実に言えることは、

①イメージが具体的であればあるほど、またポジティブであるほど成功しやすい

②当初描いた目標どおりでない結果を生じる場合も多い

③他人のお世話をすることや、利他の心が成功を早める

結果、「今ある現実は、すべて自分が思ったとおりの結果である」ということと、「成功には、目に見えない何らかの作用が働いている」、そして「すべての人が幸せになる成功がきっとある」の三点がはっきりとわかりました。これは私の実践にて得られた知見です。

本書『ＡＬＬ－ＷＩＮの成功論　――大切なあなたのStorys』は、そのような素朴な思いを書き出すところから始めました。「Storys」というのは私の造語で、Story の複数形Stories とは違います。人にはそれぞれの大切な人生があって、決して同じStory はありません。すなわち同じStory の複数形ではないのです。一人ひとりが描いていくStory は、それ自体が大変、尊くて、それらを目に見えない大切な何かで束ねられた「ＡＬＬ－ＷＩＮの成功論」、それを「Storys」と表記しています。

真の「成功」とは何なのか。その作用が何なのか。その作用をつかさどっている「見えないエネルギー」とは何なのか。次のI章より、知り得る形而上学的な考え方（＝神理）を含めて、ゼロベースで論考していきたいと思います。

Chapter Ⅰ

理論

1 成功とは

今から列記する言葉の「反対語」を考えてみてください。

①物　②お金　③知識　④他力　⑤利己　⑥弱肉強食　⑦理屈　⑧所有　⑨効率
⑩過剰　⑪娯楽　⑫都市　⑬競争　⑭対立　⑮情報　⑯上下　⑰科学　⑱組織
⑲嘘　⑳マスコミ

私は以下のように考えました。

①心　②愛　③智慧　④自力　⑤利他　⑥互助　⑦誠実　⑧共有　⑨成果　⑩余裕

⑪健康　⑫田舎　⑬切磋琢磨　⑭対話　⑮悟性　⑯水平　⑰宗教　⑱個人　⑲正直
⑳ＳＮＳ

では、「成功」とはどのようなものでしょうか？

つい何年か前まで、成功とは、事業が順調で、裕福で、お金や時間に余裕があり、求めるものがすべて手に入るようなことであったと思います。基準が、目に見えるもの、そして「私」です。全部が全部、そうというわけでもないでしょうが、一般的に頭に思い浮かぶ光景はそのようなものでしょう。

しかしながら、物のみを欲する成功はそろそろ頭打ちとなってきます。

これからの成功は、足るを知り、「私」「あなた」「社会」の幸せをシェアできる状態、そしてその結果、富を得るということが真の成功になると思います。言い換えると、お金や時間をはじめ、権力、肩書、名誉等を手に入れることが前者であるならば、後者は、物だけでなく心のやすらぎを求める豊かさを享受できる状態のことを言います。

そして、これからの成功の概念にあるのは「私」だけではありません。「私」「あなた」「仲間」「社会」がともに豊かになることが真なる成功と言えます。「私」だけの成功はＷＩＮ－ＬＯＳＥを生みます。「私」の成功が「あなた」「仲間」「社会」の成功へとつながった時にはじめてＡＬＬ－ＷＩＮとなり、すなわち幸せを生み出すのです。

そして、このＡＬＬ－ＷＩＮの成功論、Storysに〝神様〟の存在は欠かせません。

パスカル曰く。

「神を感じるのは心情であって、理性ではない。信仰とはそのようなものである」

パスカルは「人間は考える葦である」という名言を残した物理学者ですが、唯物論者ではなく、ちゃんとした神様への信仰を持ち、学問において偉業を達成された方です。

これからの時代、信仰心を持って、きちんと地に足をつけて努力をすれば、必ず成功できます。そして、成功が継続していくことを「繁栄」と言います。それが、より良い国家を創ります。一次的な成功ではなく、ともに繁栄を目指していきましょう。

2　二つのエネルギー

この項では、エネルギーの話をします。

3次元地上界（この世）でのエネルギー理論は、ご存じのアインシュタインの相対性理論、「$E = mc^2$（m＝質量　c＝光速度　299,792,458 m/s）で成り立っています。

「エネルギーは、質量に光速度の二乗を掛けたものである」というものです。

エネルギーと呼ばれるものは数々あれど、これは質量がある、いわば物に対するエネルギー理論です。

しかし、もう一つエネルギーがあります。それは「霊」です。

霊というと、一般の人はおどろおどろしいイメージを持っているかもしれませんが、論理的に以下のように定義付けるとどうでしょう。

実在は、光一元で、

「霊とは、固有の波長を持った、無形で、質量を持たないエネルギーである」

$E = \lambda \Sigma L$

（λ＝波長　ΣL＝個々の霊の持つ神のエネルギーの総和　L＝神のエネルギー）

その原資となる、L（神のエネルギー＝神の光）には、三つの基本テーゼがあります。
①神の光は、親和的性質を持ったものに出合うと増幅され、排他的性質を持ったものに出合うと、それを避けて通る
②神の光は、凝集・拡散というプロセスによって、創造と破壊を行う
③神の光は周波性を持つ
この霊が人体に宿ることによって、魂という人体状の想念体をつくり、その中心が「心」となります。「全身全霊」、これが人間の真の姿です。心には「思い」「想い」という状態がありますが、もう一つ「念《おも》い」という状態があります。この「念い」の状態は、はっきりとした創造性を持ち、我々の住んでいる3次元地上界でもかなりの物質的作用を起こすことができます。

例えば、ビジネスの世界で事業を起こす際には、明確なビジョンを持つことが大事だとよく言われます。それは、明確なビジョンが「念い」につながり、物理的作用を促進し、実現しやすくなるという面があるからです。

3次元地上界は、実は「見えるエネルギー」と「見えないエネルギー」の二つのエネルギーで構成されているのです。

すなわち、「念」の方向性を定め、善なる心、感謝の気持ちで、たゆまぬ努力をしていれば、神からたくさんのエネルギーが得られ、成功・繁栄することになります。

この法則どおりに生活できれば、すべての人がALL-WINとなるのですが、そのようにいかない場合が多数見受けられます。それは「念」の方向性が間違っている場合、神のエネルギーが得られない場合（例えば、唯物論や、悪意、嫉妬、心に執着があるなど）です。

また、「念」の強い人は、個人の力であるところまでの地位に行くことはありますが、増上慢になり、「念」が続かなくなると、転びます。信仰心を持ち、正しい心を持ち、努力しましょう。

3 正しい成功論

もう少しエネルギーの話を補足します。
再度、物と霊のエネルギーの方程式を見てみましょう。
$E = mc^2$（m＝質量　c＝光速度）
$E = \lambda \Sigma L$
（λ＝波長　ΣL＝個々の霊の持つ神のエネルギーの総和　L＝神のエネルギー）
3次元地上界（この世）でのエネルギーと、多次元実在界（あの世）でのエネルギーでは、大きな違いがあります。それは、3次元地上界でのエネルギーには、m（質量）とt

（時間）が関与しているのに対し、多次元実在界でのエネルギーにはその概念がないということです。そのため多次元実在界では、思ったことがすぐ具体化します。移動も即座にできます。それは、4次元以降の多次元実在界には、3次元地上界のmとtの概念がないためです。

今までの3次元地上界での成功のやり方は、①目標を定め ②期限を決め ③戦略を練り ④資本投下を行い ⑤コストを最小減に抑えて ⑥最大限収益を得ること、でした。分析すると、資本、リソース（m＝質量）が大きいものと、スピード（t＝時間）があるもの（時間がかからないもの）が、大きいエネルギーを得ていました。しかし、人類がそれ以上のエネルギーを実体のないm（質量）に求めようとした結果、二一世紀初頭のような行き過ぎた資本主義経済を生み、結果、それは壊れ、多くの資本を失いつつあります。そして、今まさに終焉を迎えようとしています。私はこの考え方を「目標実現論」と呼んでいます。

一方で、多次元実在界から得られる神のエネルギーは、入手するのに、質量がないのでとても軽いです。しかも、愛や感謝の気持ちを持てば、自分だけが手に入れられるだけでなく、相手のエネルギーも増すので、夢を実現するのがとても楽になります。

それはすなわち、成功の概念が変わるとも言えるでしょう。

個人レベルでは、成功が「心」と「体」のコンディションを整えるレベル程度になると思います。これが「Storys」のベースとなります。

Storysとは、私、あなた、家族、仲間、社会、そして神様の描くStoryをシェアすることを意味します。正しい念と正しい心、そしてたゆまぬ努力を行えば、Storyは花開くでしょう。しかし、一つのStoryで得られるエネルギーには限界はありませんが、無限とも言えません。

気の合う（波長の合う）仲間とStoryが共有できたなら、どうでしょうか？

ともに愛を与え合うことで、エネルギーは指数関数的に増えていきます。与える愛のエネルギーは1＋1が2ではなく、1＋1が10にでも100にでもなるということです。

とてもとても大きなエネルギーを生みます。

4 神様の造ったルール

近年、ポジティブなチャネラーが多数いらっしゃって、神様の霊言を頻繁に伝え聞くことができるようになりました。そして、神様が造られた世界には、純然たるルールがあることが次第にわかってきました。本項では、「ＡＬＬ－ＷＩＮの成功論」の「Storys」の説明に必要な、神様の造ったルール（＝神理）について説明します。

神理とは、

①魂は永遠の生命体である

②この世（３次元地上界）と、あの世（多次元実在界）を転生輪廻し、魂修行をしている

③多次元実在界は、4次元から9次元（人格大霊のみが存在する次元）まで霊界があり、霊格に応じて住む次元が異なる。次元構造は、3次元地上界を4次元実在界が覆うように、下の次元を高い次元の実在界が覆うようなレイヤー構造となっている。10次元以降は、地球系意識や太陽系意識、銀河系意識とつながり、根本神は何次元かはわからない
④神理は一神教でもあるし、多神教でもある
⑤人間は神の子である（人間は動物が進化してできたものではなく、神が造られし者）
⑥あの世はガラス張りであり、相手の心がわかる世界（隠し事ができない世界）
⑦あの世は光一元。神様は愛の光を与えっぱなし
⑧神理の基本は、進歩と調和
⑨因果応報
⑩波長同通の法則
⑪この世の一人に、あの世の一名の守護霊がつく。特別な使命を持つ者には、一時的に指導霊がつく

⑫あの世では、思ったことがすぐ実現する
⑬他人に愛を与えると、その分だけ自分も神から愛が与えられる
⑭反省することで、心の中の想念体を浄化することができる
⑮4次元霊界の一部に地獄がある。光と闇の戦いは現実にある

（『太陽の法』〈旧著〉参考）

大きく割愛しましたが、以上が神理の代表的なものです。

ではここで、少し古典的な成功論を比較してみましょう。

①『積極的考え方の力』ノーマン・ヴィンセント・ピール
ノーマン・ヴィンセント・ピールは牧師なので、キリスト教を信仰しています。その信仰心をベースにして、積極的な心の考え方を唱えました

②『道は開ける』デール・カーネギー
原則論を出し、事例を通して、悩みの解決方法を紹介。心の教えを説きました

③『思考は現実化する』ナポレオン・ヒル
　事例を通して、成功するためには目標、強い願望、イメージを継続することが大切だと提唱しました

本書『ＡＬＬ－ＷＩＮの成功論　――大切なあなたのStorys』を読んだあと、上記のような古典的名著と読み比べてみてください。共通することが多いと思います。また、教えに違えはあれど、まず「思いが先」とか、「因果応報」とか、「神への信仰」が、自己啓発や成功論のベースとなっています。

「この世（３次元地上界）で成功を望むのであれば、あの世（多次元実在界）の仕組みを理解した上で、それに沿った心の持ち方、行動をすればいい」ということがわかります。

5 Storysとは何か

今までの時代の考え方が、崩壊しようとしています。我々は、これから新しい時代を創造していかねばなりません。

では、我々が何の疑いもなく過ごしていた時代は、何が原因で破綻を迎えようとしているのでしょうか？

一つは、唯物論が蔓延したためと言われています。もっと言うと、この世のエネルギーがマイナスになり、母なる地球に負荷をかけたためだとも言えます。そしてもう一つは、神様が新しい学びの場を予定していることもあります。

そして、人類は、どのようなことが起きても、自分たちの高度な知識において解決できないものはないと高を括っていたため、世界を席巻する想定外の事象に対してなす術がありませんでした。

また、目標を設定して、それに対して例外を許さず、限られた投資と時間の中で売上げをあげる、利益目標を達成することを第一に掲げる目標実現論は、もともと柔軟性がないので、環境の変化についていくことができませんでした。

この世のみの成功には、「まさか」があります。ある程度の融通が利くような考え方でないと、また同じような轍を踏んでしまう可能性があります。

しかし、私の考えるStorysの基本は、「願い」を目指す、そして「道を愉しむ」ことです。一〇〇人の人がいたら、一〇〇通りのStoryがあります。それぞれのStoryの歩みの中で正しいシェアをして、ともに成功・繁栄を目指す方法論がStorysです。

目標設定論と違って、最後に多くの富を得る考え方ではない、できあがらないのが、大きな特徴です。言ってみれば、信仰心に支えられた「願い」を持った自助論とも言えます。

この時、もう一つ気をつけたいのは、これからはできるだけ地球上の物理的、精神的荷重（負荷）を減らすということです。

正しい心に基づく荷重の使い方をすれば、神理価値を生み、この世的なエネルギーを向上させます。しかし、近代化の進んだ現代においては、荷重が増えるとは、物が増えること、神を信じない人が増えること、唯物論が覆い悪想念が増すこと、ストレスが増すこと、無駄が多くなること、考え方が複雑になることなど、ただ単なる重たいものを地球が負担する状態を意味します。

Storysには、一人ひとりが神様からエネルギーを得ながら、そして多くの人とシェアし、成功・繁栄していくとともに、愛のエネルギーを増し、その愛の大河で浮力を生み、この地球の負担する荷重を減らそうという考え方の側面もあります。

すなわちStorysは、二一世紀初頭に見られた、過剰で、過密で、過酷な唯物社会から、素朴で、素直で、素敵な信仰社会への変革を促すＡＬＬ‐ＷＩＮの成功論なのです。

6　目標実現とStorys

本項では、目標実現論（以下、目標実現）と、Storys論（以下Storys）の違いを見てみましょう。図1が目標実現イメージで、図2がStorysイメージです。

・目標実現

本書で述べる目標実現とは、目標（実現したいことを具体的に期限を決めて、明示したもの）を定めて、メソッド（方法）、リソース（資源）、キャピタル（資本）、スケジュール（時間）を管理して、所定の目標に持っていくやり方です。この場合の利益は、最後に最大となります。

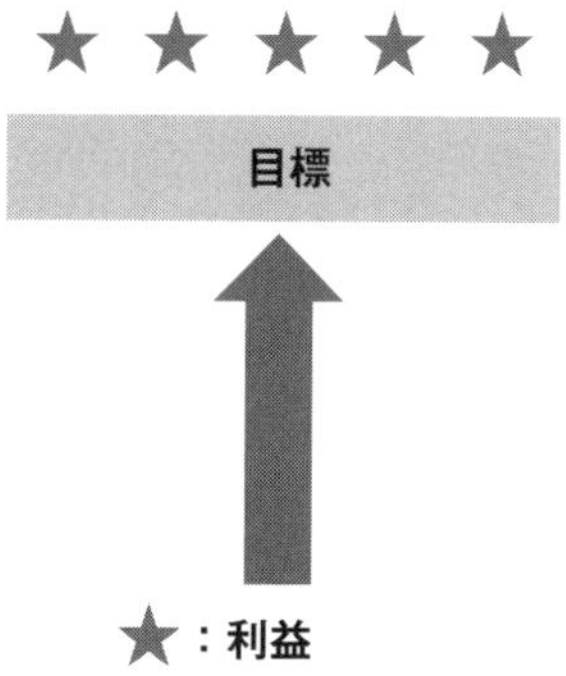

図1　目標実現　イメージ

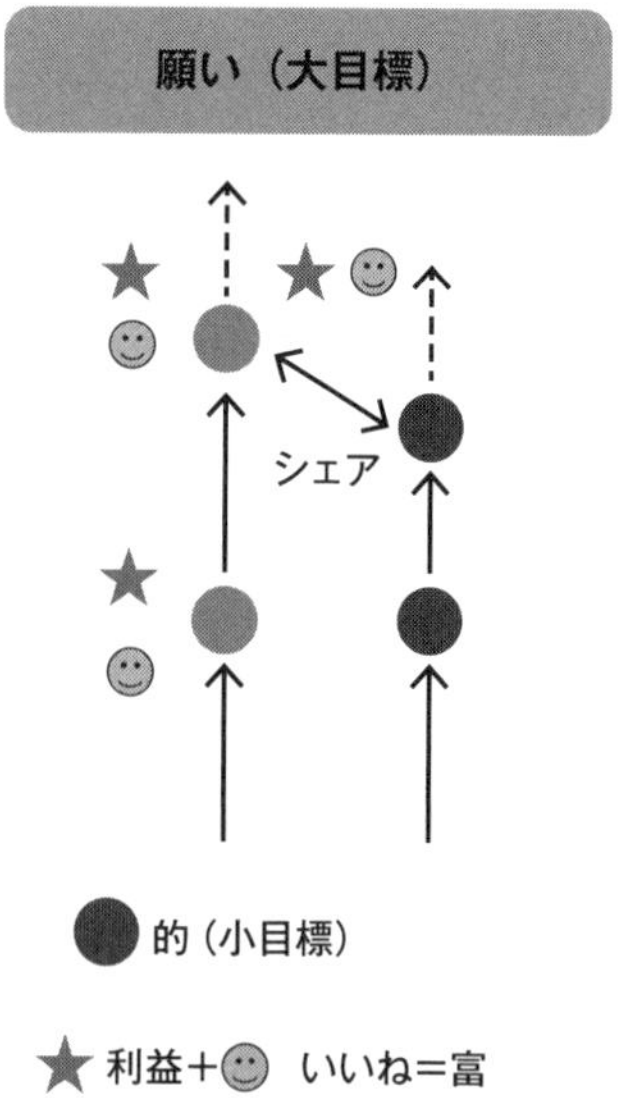

図2　Storys　イメージ

目標実現の最大の利点は、スケールメリットが生かせること。すなわち、大量のキャピタルとリソースを投資して、適切なメソッドを使えば、大きな利益が得られることです。

短所は、システムそのものが画一的になりやすいこと。そして、ヒューマンメソッド（人的要素）が反映しづらく、結果第一主義となりやすい点です。

・Storys

一方、Storysは、まず大小にかかわらず、どのようにしたいかという「願い」を定めます。これは、きっちりとした目標ではなくて、「こうありたい」という、まさしく願望です。そして、身近な「的」という目標を定めて、そこに向かい、行動し、「的」で成果を得る。さらに前後関係を考えながら次の「的」を目指す、という繰り返しです。ここで大事なのは、他人に感謝されるような利益（＝富）を生み出すことです。

Storysの最大の利点は、大がかりでないことと、他人のStoryとシェアできると富を得やすくなり、自分のStoryもエネルギーを増やし、結果として成功へのスピードが増すことです。

短所は、最初の元手や利益が小さくて脆弱なことです。また、運用する際に自助努力ができないと、時を待てず、成果が出るまでに頓挫します。

7　Storys①　成功の元手

ここからは一一項にわたって、Storysの考え方を述べます

まず、喜劇王チャールズ・チャップリンのお話です。

「人生は恐れなければ、とても素晴らしいものなんだよ。人生に必要なもの、それは勇気と想像力、そして少しのお金だ」

チャップリンのこの言葉は、私がまさしくこの章で伝えたい「成功の元手」です。元手は、今あなたの手元にあるお金でいいのです。元手は小さくとも、成功の呼び水となります。

チャップリンの生涯は波乱万丈でした。彼が一歳の時に、ミュージックホールの舞台芸人だった両親が離婚。母親に引き取られるも、母親はチャップリンが七歳の時に、精神異常で施設に収容されてしまいました。

生活が窮する中、四歳違いの異父兄と貧民院や孤児学校を渡り歩き、生きるため床屋、印刷工、ガラス職人など、様々な職を経験しました。また、同じ頃には俳優斡旋所に通い、劇団にも所属しました。

そんなチャップリンにやがて転機が訪れます。地道な努力が報われてヨーロッパでは次第に頭角を現してきたチャップリンでしたが、一九一三年、二度目のアメリカ巡業の際に、映画プロデューサーの目にとまり、アメリカの有名な映画会社に入社し、一九一四年「成功争ひ」で映画デビュー。二作目からは、トレードマークとなる山高帽、ピチピチの上着、ダブダブのズボン、ちょび髭、ステッキというスタイルを確立し、国際的なハリウッドスターとなりました。

それから三〇年、彼はアメリカに在住し、その人生は順風満帆でした。しかし、第二次世界大戦にアメリカが参戦する五年前の一九三六年、「モダン・タイムス」が公開されてから雲行きが怪しくなります。

一九四五年に第二次世界大戦は終結しましたが、それは東西冷戦の始まりでもあり、チャップリンの「モダン・タイムス」以降の一連の作風が「容共的である」とアメリカでバッシングされるようになりました。そして一九五二年、彼が六二歳の時に、名作「ライムライト」のイギリスでのプレミアへ向かう渡船上で、アメリカから国外追放を受けたのです。チャップリンはその後、アメリカと決別し、スクリーンに出ることを控え、スイスで幸せな晩年を送りました。

アメリカには、追放されてから二〇年後にアカデミー名誉賞の授与式で再び足を踏み入れ、和解しました。そして一九七七年一二月二五日、クリスマスの日に、チャップリンはスイスの自宅で八八年の生涯を閉じました。まさに、人生「起・承・転・結」です。

冒頭の言葉は「ライムライト」で主人公（チャップリン）が台詞で言った名言です。

また、チャップリンは次のような言葉も残しています。

「アイデアというものは、それを一心に求めてさえいれば必ず生まれてくる」

8 Storys② 二つの道標《みちしるべ》

Storysは、自分の身の丈にあった小さな成功を積み上げて大きい目標に到達する「積土成山」の考え方と、人生という道を愉しむ考え方で成り立っています。

この考えには、二つの道標があります。

一つは、「願い」という、広く漠然とした道標です。

皆さんは、川を横切って泳いで渡る時に、実際に泳ぎ着いた川岸の場所が、イメージしていたよりも川下だったという経験はないでしょうか。意識はしていなかったけれど、水流に流されたという状態です。それは、川の流れという力を体の側面から受けた結果、イメージしていた場所とは違う場所にたどり着いたということです。ただ、場所は違えど、川岸にたどり着くという目的は達せました。たとえるなら、大学入学や就職はできたものの、希望する大学や会社ではなかった場合がそうでしょう。

これを、どう考えるかです。

とあるデータによると、企業が利益を出す要因は、四六％が外的要因、五四％が内的要因に分けられるそうです。言い換えると、外部環境に影響を受けるのが四六％、そして自助努力が可能な範囲が五四％という意味です。

きっちりとした目標の達成を前提とした成功を目指した場合、外部要因の四六％がリスクとなります。現実問題として捉えるなら、約半分を占める、自分ではどうすることもできないこの要因に、どう対応するかで問題解決の仕方が変わっていきます。

Storysには、「願い」という大枠の中で、成功の方向性・着地点に融通を与えました。それは、歩むべき成功・人生は、最初からきっちり決められるものではなく、成長・成功を求めていく過程の中で、案外見つかっていくものだと考えたからです。

さて、もう一つの道標は「的」です。

これは、「目標を具体的に定めて、たゆまぬ努力を行う」という姿勢で、目標の達成を目指します。ただ一つ大事なことは、「的」を決めた時（小目標を達成した時）に、必ず自分の立ち位置を振り返ることです。自分の成功が、自分を高めているか、周りに感謝されているかどうかを確認します。

そして次に、前を向き、その立ち位置から、次に大事なことは何かを求めていきます。すなわち、新しい「的」を設定するということです。そうすれば、たとえ一時的にはうまくいかないことになったとしても、「的」を重ねていくうちに軌道修正がされます。すなわち、「私」にとって悪い方向には行かず、「私」「あなた」「仲間」「社会」そして神様の望む成功への方向性が示されるはずです。

失敗していても、このStorysは使えます。それは、次の大きな成功への糧なのかもしれないからです。まず、自分で自分を許す。そして諦めないことです。

大丈夫です。神様は毎日ニコニコ、愛を与えていらっしゃいますから。

9　Storys③　「念い」の力

心の〝おもい〟には「思い」「想い」「念い」の三種類があると前述しました。

ここでは、一定の方向を持ち、物事を実現可能にする「念い」について説明します。

パナソニックの創業者、松下幸之助氏が、講演会で「ダム式経営」の話をされました。「ダム式経営」は、「水道哲学」と同様に有名な話ですが、要約すると、「ダムに水を溜めるように、景気がいい時にでも、景気が悪くなった時に備えて、様々な経営資源を蓄えておく」という考え方です。

その話が終わったあと、一人の経営者が次のような質問をしました。

「うちの会社は人も金も汲々としています。松下さんのところのような大企業ならダム経営ができるかもしれませんが、我々のような小さい会社がダム経営をできるようにするには、どうすればいいのですか？」

松下氏は、しばらく考えてからこう答えました。

「そんな方法は知りませんのや。知りませんが、まずダムをつくろうと思わんとあきまへんなあ」

その答に大半の聴衆は失望したようでしたが、しかし、一人だけ、その答に感銘を受けていた経営者がいました。京セラの創業者である、若き日の稲盛和夫氏でした。松下氏の答から、成功するためには「まず何よりの強い思い（＝念い）、そして行動に移すことが第一歩である」ということに気づかれたとのことです。松下氏の語った内容は、「方法」ではなく「本質」であることを理解した唯一の経営者だったのです。

稲盛氏の著作を読むと、商売の上で、松下氏からかなり（愛ある）無理難題を課せられたようですが、仕事をいただけるありがたさや、それに応えようとする無為の努力、そして報恩の気持ちで仕事をされていたことが語られています。

つまり、成功するためには、まず「念う」ことが第一歩なのです。

「念い」は有形無形のエネルギーを具象化します。

繰り返しますが、「念い」は物理的な強さ、方向性を持つので、この性質には気をつけてください。他人や世の中を悪く「念う」と、悪い事態が起こってきます。また、「私」だけの成功を「念う」と、「私」だけはよくても、「あなた」や「社会」はどうでもいいような事態が起きてきます。

「念い」は、必ず「私」「あなた」「仲間」「社会」がともによくなる成功を前提としたテーマにしましょう。そうすると、いろいろなところから有形無形のエネルギーが得られ、その「念い」の力によって、「私」のみならず「あなた」「仲間」「社会」も成功・繁栄していきます。

10

Storys④　心を軽く、身を軽く

皆さんはこの写真が何か、ご存じでしょうか？
そうです。ロダンの「考える人」の像ですね。
では、重ねて質問です。なぜあなたは「考える人」の像だと答えられたのでしょう？

それは、この像が「考える人」と名付けられた作品だとあらかじめ知っていたから、ということでしょう。

では、この作品名を知らない人が、この像を見た時にどう思うでしょうか？

すべての人が、これを見て「考える人」だと答えることを知って、納得できるでしょうか？

私が最初、この作品を見た時には「この人、悩んでいるのかな？」と率直に思いました。

「考える人」vs「悩む人」……なぜ見え方が違うのでしょう？

その答の一つに、「物の見方には、その時の心の状態が反映されている」ということがあります。心にひっかかりがない時には、心は元来ポジティブであり、上を向きます。しかし、心にひっかかりがある場合、心はネガティブになり、下を向きます。

一言で言うと、「心を軽く」するということは、心にひっかかりがない、素直な心の状態を保つということです。心はこのような状態の時に、大きなエネルギーを生みます。日常のいろいろな事象で、ひと時、心が揺れることはあっても、またポジティブな心の状態に戻る。そのような心の安定が、「成功」には必要です。

一方で、「身を軽く」するとは、どういうことでしょうか？

それは、この世の肩書き、名誉、財産、家庭環境、学歴等にとらわれないことです。これにとらわれ過ぎると、心に執着を生み、マイナスのエネルギーを生じ、成功するスピードが遅くなります。


下ばかり向いて歩いていれば、満開の桜すら目に入りません。しかし、上ばかり向いて歩いていても、石につまずいて転ぶ可能性があります。何事も加減が大事なのです。

前にも書きましたが、個人単位での「成功」は、「心と体のコンディションを整えること」が基本となります。

素直な心が成功を引き寄せます。日々、明るい心を持っていきましょう。

11　Storys⑤　自分の〝持ち味〟を加える

「目標を決める」のに使われるマトリックスに「ＳＷＯＴ（スウォット）分析」があります。ＳＷＯＴ分析は、Strength（強み）、Weakness（弱み）、Opportunity（機会）、Threat（脅威）の頭文字を取ったものが名前の由来です。

ビジネスの世界で、マーケティングの際によく使われるツールで、「課題」を、プラス要因、マイナス要因、内部環境、外部環境の四つに分け、課題抽出・決定に役立ちます。

図3が、ＳＷＯＴ分析のマトリックスです。

以下に、前述の「願い」や「的」を決める一般的な手順を説明します。

成功を目指す皆さんの中には、すでに具体的なイメージを持っている方も多数いらっしゃると思います。その場合は次の手順①～③は飛ばして読んでいただいて構いません。

	プラス要因	マイナス要因
内部要因	Strength（強み）	Weakness（弱み）
	・販売に関して経験がある ・インターネットに詳しい	・資本が乏しい ・個人である（リソースが少ない）
外部要因	Opportunity（機会）	Threat（脅威）
	・異業種の付き合いが多い ・過去の顧客を掘り起こせる	・競合が多い ・今後、参入業者が増してくる

図３　SWOT 分析　マトリックス

具体的なイメージがない方、イメージできない方は、①から順に行ってみてください。

①背景を書き出す

コロナ前の時代と、コロナ後の時代とでは、求められるものが違います。その背景を理解し、どのようなテーマが「私」に、「今」「予想される未来」に必要なのかを考えます。

②SWOT分析をする

マトリックスに沿って、強み、弱み、機会、脅威、を具体的に書き出します。これは、数が多ければ多いほど良いです。

③自分の強みを見出す

背景を考慮しつつ、マトリックスの中の「強み」

と「機会」を優先して、目標を検討し、決定します。

ここまでは従来のやり方なのですが、これからの時代は、もうひと工夫してみましょう。

④自分の好きなことを、テーマにアレンジする

すなわち、これがオリジナリティの素、「自分の持ち味」となるのです。

12 Storys⑥ 好きなことはワクワクできる

人間、好きなことは楽しくできます。何より、前向きに取り組めます。そして、その姿勢こそが「自分の持ち味」となるのです。

前項の図3で、背景を考慮してSWOT分析すると、概ね「多くの商品を扱えるインターネット販売」で成功を目指すということになります。どうでしょう、誰にでも普通に思いつきそうですね。そして、強みを打ち出したが故に、弱みも顕在化するようなテーマとなっています。

では、あなたが「読書好き」だと仮定してみます。そして、この分析結果に「読書が好き」をアレンジしてみましょう。

「書籍の分野に特化し、多くの商品を扱えるインターネット販売」

どうですか？　世の中に埋没しそうな普通のインターネット販売から、差別化でき、運用可能なインターネット販売となりそうです。そうすると、具体的に行動としてやるべきことが明確になります。多くの商品を扱えるインターネット販売の傍らで、趣味で読んだ書籍の紹介とか、お勧め本の販売とかをコツコツ進めることで、予想もしなかった展開になるかもしれません。そしてそれは、あなたにとっては苦痛ではありません。だって「好きなこと」なのですから。これが、あなたのStoryの第一歩です。

日本は、これから社会の構造が変わります。過去の社会を振り返ると、人はまず生活に必要なお金を得るために働き、いろいろな犠牲を払ってきました。資本の多い者が大きくお金を増やすという手法が常套化し、資本の少ない者は、生活のために時間を切り売りしてお金を得るのが当たり前でした。今まで「仕事」と言われていたものは、実は「労働」の概念の範疇を抜けたものではなく、時間いくらで得られる「結果（報酬）」が基準だったのです。

しかし、これからの「仕事」の考え方は、時間のかけ方にかかわらず、楽しく「成果」を出すことが基準となってきます。「お金が大事。心は必要ない」の概念から、「心こそが大事。そして心を豊かにする富が必要」という概念に変わるからです。そして、今まで人間が手間取っていたルーティンは、いずれはＡＩやロボットがやってくれるようになっていきます。

皆さんは、仕事において「得意なこと」と「好きなこと」は同じですか？　それとも違いますか？

同じ人は幸いです。その方向で成功を目指しましょう。

違う人は幸いです。「得意なこと」と「好きなこと」をアレンジして、「自分の持ち味」としましょう。

ポジティブ思考が未来を創ります。一番大事なことは、ワクワクしながら、成功を目指すことです。

13

Storys ⑦　心を込めた仕事

「仕事は、魂を込めてやれ」

昔の仕事人・職人は、この言葉をよく言っていました。

「仕事は、速く、要領よくやれ」

今では、スピードを最も大事にする時代となってしまいました。

これからの時代、心を込めた仕事をするのは、ナンセンスなのでしょうか？

ピーター・ドラッカーは「企業の目的は、顧客の創造である」と定義しました。

結果、近年の経営活動は、大量の資金を投じ、広告を流し、顧客に関心と信用を植え付け、購買意欲を起こさせ、大量にモノをつくって販売し、利益を得てきました。利益重視のその考え方が行き過ぎて、自社に有利な広告を作り、人々を誘導することも多々ありました。

一方で、二〇二〇年を皮切りに、人類は様々な試練に遭遇し、経験しています。このような事態を、スピリチュアルな世界では「アセンション（次元上昇）」とも呼んでいます。アセンションの意味は本書では触れませんが、この世的には、人間がこの相当の期間に得た恐怖や悲しみ等の経験は、結果として智慧を生み、人間を確実に〝賢く〟しました。国やマス産業が行ってきた誘導や偏向報道には、正しい目で見てどうかという判断を国民は持っています。もう嘘が通用しないのです。そして、新時代の到来に合わせて、多数の新しい起業家や職業が生まれてきます。

このような時代だからこそ、「心を込めた仕事をする」ことが大事になります。「心を込めた仕事」は、極めて高い神理価値を生むからです。

情報発信は、広告ではなく「ＰＲ」としましょう。価値を決めるのは顧客であって、提供する側ではありません。良いものを得られた顧客は、必ず「いいね」をします。それが口コミとなって、信用へと化すのです。

すなわち、前述のピーター・ドラッカーの企業の目的は、新しい時代では「企業の目的は、顧客の共感を得ることである」と再定義されます。

見た目は変わらなくとも、見えない部分においても細やかなデザインや気配りがしてあるものが本物です。

コツコツカツコツ（コツコツ勝つコツ）という、日本人のひたむきな勤勉さが再び注目されます。言い換えると、義理・人情とか、お得意様・ご贔屓《ひいき》さんとか、信用・恩返しとか、目に見えない昔ながらの日本の精神が再評価され、それが富める源となります。

そして、「心を込めた仕事」とは何かというと、独りよがりの自分の思いを伝えることではありません。そうです、「あなたの持ち味のある、価値あるもの」を、お客様に届けることなのです。

14

Storys ⑧ 見えない協力者

「成功」に向かって動き出すと、実際にはいろいろな課題、困難が待ち受けています。企画立案、営業、顧客管理、販売管理、品質管理、棚卸、資金繰り、繁忙な雑用……考えるだけでもキリがありません。そして時間も足りません。

潤沢に投資ができる人は、人を雇用して、あなたの時間をできるだけ確保するということができるでしょう。ですが一般的には、ファーストキャッシュを得て、そしてギリギリの状態で運営を回していくので、成功どころか、仕事をやる意味さえわからなくなる時期が多々あります。けれどそこは、コップが一杯になるまで雫をためるような気持ちで、時を待つしかありません。鍛錬されているのだと思って、辛抱して努力するしかないのです。

「天は自ら助くる者を助く」ということわざがあります。

人間の意識は、表面意識が一〇％で、九〇％は潜在意識と言われていて、ジョセフ・マーフィーは、「成功するためには、良質な言霊を潜在意識に働きかけることが大事だ」と言っています。この法則は正しいです。

そして意識の構成は、顕在意識―想念体―潜在意識となっているようです。もう少し掘り下げて言うと、この世の人間には、原則一名、守護霊がついています。それは自分が持つ固有の霊的エネルギーの一部（魂の兄弟）です。潜在意識の一部と言っていいでしょう。

この守護霊には大きな特徴があり、この世の人間の意識を支配しません。神様は、魂修行の観点から、この世の人間に意識、心の自由を与えているからです。守護霊はあの世で我々の行動や心を見守ってくれている、とても頼もしい存在です。宇宙では「ハイヤーセルフ」とも呼ばれています。あなたが善なる念いを持って、たゆまぬ努力をして、成功・繁栄の道を歩む時、守護霊はその実現に向けて動きだします。すなわち、霊界でも成功へ向けての働きかけを始めるのです。

あなたの念いは、この世ではコミュニケーションを介さなければ人には伝わりませんが、あの世では、すぐにどこにでも伝わり、それをキャッチする霊エネルギーが必ずたくさんいます。ですので、あなたが正しい念いを持ち、たゆまぬ努力を続けていると、守護霊をはじめとした見えない〝協力者〟が、二四時間、三六五日、あなたの成功をサポートしてくれるのです。

その守護霊の原動力は、「感謝されること」です。彼らは自分の存在に気づかれると、大変喜びます。口に出して、態度に出して感謝することが恥ずかしいのであれば、心の中で感謝をささげてみてください。そして、意識して物事を見てください。経験上、すぐにではありませんが、自分の考えではないことが心に湧いてきたり（インスピレーション）、偶然とは思えない出来事が多数起こってきて、事態が好転していきます。見えない彼らに感謝をささげることで、大きな力が生まれてくるのです。

成功は、あなただけではなく、見えない協力者も望んでいるのです。

15　Storys⑨　成功へのマネジメント「CPET」

99・7対0・3――この数値は、日本における「中小企業：大企業」の企業数の割合を示したものです。Storysは、九九・七％の、私と境遇が同じ中小企業に関わっている人、またはこれから起業を目指す人たちのことを思い浮かべながら、書いています。

これからの個人の成功のマネジメントは　CPET（シーペット）で管理すればいいと思います。CPETは、C（Create＝創造）、P（Plan＝計画）、E（Enjoy＝楽しむ）、T（Thanks＝感謝）の頭文字を取って私が作った言葉であり、人間が人間らしく仕事をするためのマネジメント指標です。人間しかできない要素で構成を考えました。

そして、これはサイクルではありません。ベクトルです。ベクトルなので、方向性や力の大小が大事です。方向は「自分が楽しめるもの」、力の大小は「自分のエネルギーが活かせるもの」「皆で力を合わせられるもの」。単純に言うとそういうことです。

「アイデアを創造し、計画を練り、楽しみながら仕事をする。そして、縁あって関わった皆様に感謝する」

何かポジティブでワクワクしませんか?

また今後、将来にわたり、AIやロボットが私たちの仕事のかなりの部分をサポートしてくれると思います。その時は、CPETのE(Enjoy＝楽しむ)を、D(Do＝実行)に置き換えていいと思います。ルーティンでAIやロボットに任せられるものは任せてもいいでしょう。

マネジメントには有名な管理のサイクル、PDCAがあります。

P(Plan＝計画)、D(Do＝実行)、C(Check＝評価)、A(Action＝改善)を繰り返すことで、恒常的に進化を続けるという仕組みです。多くの人が知っていらっしゃると思います。しかし、これは個人ではなかなか運用が難しいので、今後はＰＤＣＡも時代に合わせて修正されていくと思います。

それは、ＰＤＣＡの仕組みが、数値目標、定量化、見える化したものでの目標であり、結果であるという唯物論的な考えであること、サイクルに心の要素が入ってないこと、今後ＡＩやロボットがインフラとして定着していくことに因ります。ニュートラルに数値だけを目標にすると、必然的に利益は一〇〇％に近く、リスクは限りなく〇％に近いものとなってきます。それでは物事の判断が画一的になり、創造を生みません。ましてや働く人の心が持ちません。

私の提唱するＣＰＥＴは、結局のところ、自分らしさや働きがい（心の持ち方、モチベーション）を管理するということでもあります。真の成功のマネジメントとは、リスクをゼロにすることではなく、チャンスを無限大にすることです。

どうでしょう、今までより格段にリラックスしたマネジメントとなると思いませんか？

16

Storys ⑩　あの世の品揃え

「的」（小目標）を決めていくと、次第にポジション（立場）が変わってきます。

大事なことは、小さな成功体験によって得られた信用、智慧、富を積み重ねていくこと。そして、次の「的」を一つ上のランクに設定することです。一つ上のランクとは、有形資産、無形資産が増すような行動目標を指しますが、その成功の方向性が正しいかどうかは、得られる有形、無形の成果の内容によって推し量られると思います。

座標でいうなら、XYZ軸で考えることができます。

XY軸は成功の方向性を示します。例えば、「的」を決めて、時間をかけているが、なかなかうまくいかない、心が豊かにならない、待てない場合も出てくるでしょう。その場合は、方向性が違うのかもしれません。一度リセットして、「的」を修正するのも一つです。

Z軸は、有形・無形資産が増す成長のベクトルです。このベクトルが小さいと、リターンも小さいですし、逆に大き過ぎるとリスクが増えます。何事も中道、身の丈に合った成長を求めたいものです。

実は、この「的」がポジションを変えることには、マーケティングとリノベーションの考え方も含まれています。

今までのマーケティングは「売れる仕組みをつくる」ことでしたが、これからは「共感され、売れる仕組みをつくる」ことになります。

また、今までのリノベーションは「組織、思考や行動の刷新、改革」でしたが、これからは「小さな成功を積み重ね、持ち味を加えていく」に変化します。

ポジションを上げるには、成功の方向性と成長が必要だと述べました。では、具体的に何をすればいいのでしょうか？　それは、「神理価値が大きいものを創造する、つくる、提供する」ということに尽きると思います。
神理価値が大きいとは、「私」を含めた究極の顧客至上主義、すなわち「私」「あなた」「仲間」そして「社会」にとって、価値があるものを指します。それは「幸福な何か」と呼んでもいいかもしれません。すなわちALL－WINの価値とも言えます。決して、相手を喜ばせるために自分が犠牲になるLOSE－WINの関係ではありません。

あの世では、思ったことがすぐ具体化します。この世的な制約条件をあえて捨ててみて、あの世の〝品揃え〟を考えてみてください。まず、仮説を立てるのです。そうすれば、この世で売れる最先端の〝品揃え〟もある程度予想できます。それが創造するということでしょう。多数の〝品揃え〟が思い浮かぶと思います。

さあ、ここまで来られたことに対して、神様や縁ある多くの皆様へ感謝の気持ちを忘れずに、次のポジションに移りましょう。

17　Storys ⑪　道を愉しむ

Storys の成功の手順をまとめてみます。

・足るを知る、正しい心を持つ
・「願い」と「的」を設定する
・成功することを「念う」
・考えながら行動する、努力する
・智慧を出す。心を込めた（持ち味を加える）仕事をする
・周りの人や、目に見えないものに協力を仰ぐ
・CPETで成功をマネジメントする

- 「的」を射て富を得る、感謝する
- 現在地を俯瞰し、次の「的」を定める
- 上記を繰り返す

特に『繰り返す（＝循環させる）』ことが一番大事です。

繰り返す前に、今までやったことをちょっと振り返ってみましょう。

人間は不思議なもので、当時は乗り切れるかどうかと苦労していたことも、時が経てば意外にいい思い出、いい経験として捉えられるものです。成果とともに、苦い経験もさらなる自分のアップデートの糧としましょう。そうすると、次に目指すものも見えてきます。

このように、現在地の振り返りを行うと「願い」（大目標）の再確認ができ、次の「的」（小目標）を絞ることができます。

仮に一年間、毎週「的」（年間五〇）を定めて達成することができたら、とてもすごいポジションアップになると思います。小目標を定めることには、すぐやれる、達成しやすいというメリットがあります。

本項のタイトルにある〝道を愉しむ〟とは、この多くの小目標の達成感や、新しく得られた教訓、知識、経験そして失敗をも棚卸して、ポジティブに日々を楽しむことです。人間万事塞翁が馬。まず、できるところから始めましょう。

神様はいつも、自分の子を、正しき心で成功を望む者を、常に豊かにしようと見守っています。

18

成功は神様からのギフト

「信仰心を持つ」のが大切だということをお話ししてきましたが、単純に神様を拝んでも、成功はしません。その本質を学び、実践することで、成功に近づくものなのです。

その時に守ってほしいこと、それは「約束を守る。嘘をつかない」ということです。約束を破ったり嘘をついたりすると、神様からのエネルギーを台無しにしてしまうからです。

これからの時代は「正直者がバカを見ない」社会になります。世の中の常識が変容してくるからです。一方で「嘘も方便」という言葉もありますが、結果的に相手を良くしたり、傷つけたりしない内容であれば、方便は是となります。要は、何事にも誠実に対応するということです。

目標を持ち、智慧を持って努力を続けていると、神様から「必要なもの」が「必要な時」に「必要なだけ」届くようになります。

それは、神様からのギフトです。

神様のギフトは、ものではなくても、たとえばインスピレーションとか、人からのアドバイス、貴人との出会いとか、もしくは心を幸せで満たすもの……など、それはあなたの人生を確実に向上させるものです。

それとは別に、頑張るあなたには、日々神様のエネルギーが届いています。このエネルギーは、この世においては「徳」を形成する要素であり、内面では謙虚さを築く礎をなし、外面では信用や尊敬とか、ハロー（後光）効果、見えないブランド力として顕在化します。

成功することとは、ただ単に「人より多くのお金を稼ぐこと」ではありません。成功するだけでなく、「その過程においても、人として周りの人を感化し、感謝される、愛を供給できる、そしてその成果として富を得ること」が真の成功と言えます。

時として、神様のギフトの意味がわからないこともあります。

余談ですが、私の場合、日本はこれから国難に向かう時期なので、その焦る気持ちの中で心に届いた言葉は「身をたてよ」でした。普通でしたら、「このままでは日本と世界が危険な状態になる。唯物論をやめなさい。神を信じなさい。あの世があることを伝えなさい」だとかだと思います。なのでその言葉を受け取った時は、正直、意味がわかりませんでした。何をどうすればよいのだろうか、と。しかし、やれることは限られています。その言葉を信じて、心の葛藤や紆余曲折はありましたが、結果、この本の原稿を書いています。

本書を手に取られている皆様の中にも、こんな時代でも自分は運がいい、恵まれていると感じている方もたくさんいらっしゃるのではないでしょうか。それは神様からのギフトが届いているからです。感謝を持って受け取りましょう。

神様のギフトは気まぐれのようですが、得てして大変価値があるようです。

19 富の理論①　富とは、お金＋愛

ここからの六項は、従来の成功論ではあまり触れられていないこと、「富の理論」と「心の点検」について書いてみたいと思います。

最初は、ベンジャミン・フランクリンのお話です。

ベンジャミン・フランクリンは雷から電気を見つけた科学者として有名ですが、政治家でもありました。

フランクリンがある人から「お金を貸してくれ」と頼まれた時のことです。彼は10ドル貨幣とともに、相手に次のような手紙を書いて送ったといいます。

「このお金は、あげるのでなく貸すのです。

あなたがこれから郷里へ帰れば、必ずそのお金で仕事を見つけられるでしょう。そうすれば、そのうちに、今お貸しする10ドルを返すことができるようになるでしょう。そうなった時には、このお金を私に返してくださったつもりで、他の困っている正直な人に貸してあげてください。

その人がまた返せるようになった時は、またそれと同じ境遇に遭っている人に、その借金を払うという条件で貸してください。

それで、私に対する負債は済んだものとお考えください。

こうして、お金が先から先へとたくさんの人に渡っていくことを、切に望んでいます。

この良い考えが、考えの足らない怠け者のために中止されることがないように祈っています。

これは、わずかなお金で善いことをしようという、私の考えなのです。

私は立派な仕事のためにお金を皆さんへあげるほど金持ちではありません。

ですから、このような方法で少しでもたくさんのお金を使いたいと思うのです」

この話の結末はわかりませんが、仮に、貸した10ドルが回り回ってフランクリンに戻ってきたとしたら、お金の増減なしに、借りた人々に感謝という愛を届けたことになります。

お金は元来、価値中立で、無色透明です。

しかし、お金の持っている性質上、価値と、使う人の思いを運びます。

誰かに迷惑をかけるなど、不当な悪い方法でお金を取得すると、マイナスのエネルギーを持ち込み、悪い事態を呼び込んでいきます。逆に、世の中のためになって多くの感謝を得て取得するお金は、プラス（＝愛）のエネルギーを呼び込み、いいことを連れてやってきます。

本書では、「お金の価値＋愛」のエネルギーを両方持った状態を〝富〟と呼びます。

ついこの間までは、お金をたくさん持っている人が「成功した人」と言われていました。けれど、本当の成功者になる条件とは、お金と愛のエネルギーの両方を受け取れる人なのです。

20 富の理論② 富の循環

計画し、行動することで、お金を得ます。
計画し、行動し、感謝されることで富を得ます。

お金と富の違いは何かというと、富には、お金の他に「感謝」や「共感」という神様の愛のエネルギーが加わっていることです。それは、SNSでは「いいね」にあたります。すなわち、富を得るとは、いい意味でお金と神様のエネルギーを二重取りしている状態を言います。例えると、お金は見えるもの、すなわち有形資産。神様からいただいたエネルギーは見えないもの、すなわち無形資産です。これからは無形資産に目を向けましょう。

これまでは、有形資産が方法論で増える時代でした。しかしながら、お金という物を増やすことが目的だったため、その間、無形財産は全然増えませんでした。そこに感謝や共感という愛情がなかったためです。その結果、資本主義経済が崩壊しようとしています。

では、無形資産は、具体的にどのような資産をいうのでしょうか。

一つは、知的資産です。例えば、経験、アイデア、技術、創造に関するもの、総じて智慧と言われる資産です。

もう一つは、人的資産です。顧客をはじめファン、一次情報が共有できる仲間、友人、さらには家族という人的ネットワーク、そして個人的な信用や人徳に関する資産です。

普通はお金という有形の資産に目を向けがちですが、実は私たちは見えないたくさんの無形資産を、周りの人たちや神様からいただいているのです。

これからは、単に費用が安いからということではなく、誰から買うか、誰に仕事を頼むか、という時代となり、顧客は、お金の多寡より、信用と安心という価値を求めます。

最初は小さいかもしれなくても、「的」を射て、日々精進していくと、そこに富の蓄積が生まれます。信用も生まれます。

また、有形資産の蓄えは、備えとして大事な部分があります。しかし、より大事なことは、得られた富を元手に、さらに循環させることです。

「富は自分に与えられたものだけでなく、皆さんから預かり受けたもの。だから、感謝を持って報恩する」＆「いいね」の気持ちを持てば、善の循環が始まります。

川の水は、流れている時はきれいですが、よどむとにごります。富も同じです。エネルギーは循環すると増幅します。逆に停滞すると減衰します。すなわち、エネルギーは循環を前提にできているのです。

愛情を持って、富を循環させましょう。結果、それがより多くの富を生むのですから。

21 富の理論③　お金の使い道

富として得たお金は、どのように使えばいいのでしょうか？

一般的に、得られたお金から、生活するのに必要なお金を引いて、残るお金があります。

この残ったお金をどうしましょう？　貯金しますか？　投資しますか？　それとも、何かを買ったりして使い切りますか？　なかなか使い方が難しいと思います。

ここではお金の使い道の一例として、明治の文豪、幸田露伴が、著作『努力論』の中で唱えている、三つの福（幸福三説）という考え方を参考にしてみましょう（以下、福→お金、と読み替えてください）。


三つの福とは、惜福、分福、植福をいいます。幸田露伴は、幸福な人、無福な人を、この三福で観察していたようです。

一つめは「惜福」です。

字面を見た感じでは、福を惜しみ、自分のものにだけするような印象を受けますが、その本意は「幸福に巡り合った時には、それを使い尽くさず、取り尽くしてしまわないこと」です。言い換えると「惜福は、腹八分＋蓄財＝正しい富の循環」とも言えます。まず自分の生活を整えなさい、ということでしょう。

次に「分福」です。

「分福とは、福を独り占めにせず、一部は人に分け与えるようにすること」です。分福は、日本のことわざでは「情けは人のためならず」と解されますが、イエス・キリストの「与える愛」とも重なります。すなわち、「分福とは、与える愛の行為である」ということです。

我々はどうしても一見、目的のないものにはお金を払うことを躊躇しがちですが、これからの経済を支える上で、この「分福」の考え方はとても重要になってくると思います。

最後に「植福」です。

「植福とは、良い種をまいておき、後の人のためになることを残しておいてあげること」

です。これは、仏教の「因果応報」に相通ずる考え方ですね。未来への投資とも取れます。すなわち、「植福は、因果応報に基づく未来への投資」と言えます。これは、有形資産だけでなく、無形資産も当てはまります。善き社会を後世にバトンタッチすることも「植福」と言えるでしょう。

これからの時代では、前の時代にあった株、有価証券、相場による、お金そのものを大きくするお金儲けは影を潜めていきます。

まとめると、お金を愛の心を添えて循環させる、使い尽くしてしまわないよう貯める、そして、後世の人のために種をまく（自己投資でもよい）ことが、さらなる富を生むということです。

試しに、お金を得た時に「ありがとう、よく来たね」と感謝したり、お金を支払う時に「ありがとう、また来てね」と〝愛情〟を添えてみましょう。お金の使い方、考え方一つで、お金が愛情のエネルギーを持ち、富へと変わるのです。そして正しい福の使い方で、世の中の繁栄が始まります。

22

心の点検①　成功を妨げる「執着」

真の成功とは、富を得ることだけではありません。人間として成長していくことが大事なのです。

しかし、人間は弱いもので、成功を目指す過程において様々な思いが巡ります。実は、その過程でこそ、日々謙虚な心を持ち、心の点検を行うことが必要なのです。

この「心の点検」の項では、成功を妨げるものを挙げてみます。

まずは「執着」です。

「執着」は、仏教では修行を妨げるものとされ、「一つのことに心がとらわれて、そこから離れられないこと」を意味します。物事に執着することは、良い面もあるようですが、言葉の背景をたどると、あまり好ましいことではないようです。

心が物にとらわれると、物欲、権威欲、名誉欲、この世の欲にこだわるようになります。気に入らないことがあると、それを他人のせいにしたり、愚痴を言ったりして、成功へのエネルギーがマイナスとなります。それゆえ、成功が難しくなるのです。

ここで、実験例を一つ。二匹のハエを一匹ずつ別々のビニール袋に入れて、片方のビニール袋には何もせず、もう片方のビニール袋にだけ、悪口を言った空気を入れるとどうなるでしょうか？　何もしなかった袋のハエはそのままですが、悪口を言った空気を入れた袋のハエは、しばらくの時をおいて死んでしまうそうです。人間の心や言葉には相当な力があるため、心や言葉の内容、方向性は重要です。


中国の天台宗の開祖、智顗《ちぎ》は「一念三千」という教えを説かれました。

「人の心の針は常に揺れている。常々、天国を指しているのであればよいが、地獄の方を向いているのであれば注意しなさい。人の念いの針は、一念三千。この世で生きてきた時の心が、そのままあの世での生き方を決める。だから、正しい心と行いをし、自分を正さなければならない」

諸説はいろいろあると思いますが、概ねこのような内容です。

今世（この世）の心持ちが、来世（あの世）の行き先を決めるという考え方でもあります。自分で決められる、自分の心だからこそ、コントロールが難しいのです。

さて、執着を持たないためにはどうしたらいいでしょう？

特に、成功を目指す方々には重要なことです。まず、「足るを知る」ことが第一でしょう。自分がいかに恵まれているかを認識するところから始まります。そして、他人の成功を喜んだり、社会が良くなることを考えたり、常に積極的で明るい心を持つことです。

まずは〝心の点検〟を日々行うことから始めましょう。その点検の最中において、執着を持っている自分がいたら、その時は反省をし、心の針を正しい方向（善なる方向）へ修正するのです。それによって、力強く成功への道程を歩むことができます。

23

心の点検②　競争と切磋琢磨

「競争」と「切磋琢磨」。似たような言葉ですが、内容は大きく異なります。

辞書で調べると、競争とは「勝負・優劣をお互いに競い合うこと」。切磋琢磨とは「道徳・学問に勉め、励んでやまないこと。また、仲間同士、お互いに励まし合って学徳を磨くこと」と記されています。

もう少し付け加えるなら、競争は、勝者と敗者を生むため「WIN－LOSE」の状態をいい、逆に切磋琢磨は、ともに成長することがベースなので「WIN－WIN」の状態をいいます。

行き過ぎた競争、結果第一主義がなぜいけないかというと、敗者が勝者に対して「嫉妬」

を抱きやすい状態になるためです。もちろん、競争の中には「意欲」というポジティブな力も生じますが、過剰になると、「嫉妬」という、成功をさまたげるネガティブなパワーも生じるのです。

肥後の方言に「しょのみ、ねたみは、一銭がつもなか」という言葉があります。標準語に翻訳すると、「嫉妬は、（人間の成功、成長において）一銭の価値もない」という意味です。

その心は、相手の不幸を願う心の裏返しであり、悪口や否定、有形無形の妨害という行動として現れます。そして、結果的に自分の心も不幸にさいなまれるのです。安らぎを得ることはできません。「隣の芝生は青く見える」でしょう。しかし、成功を目指すのであれば、他人の成功をも祝福すべきです。

嫉妬をなくすには、まず自分と他人とを比較せず、ないものねだりをしないことが第一段階です。そして、以前の自分と今の自分を比較して、良くなった部分、良い面を自分でほめること、これが第二段階です。そして第三段階は、自分の良さと他人の良さを見出せるようになることです。

宗教では、競争という言葉はあまり好まれず、切磋琢磨という言葉がよく使われます。なぜでしょうか？

それは、「すべての人間、いや人間の魂は、神様が造られたものであり、神と同じ神性を持つ神の子である」という考えが根本にあるからだと思います。

神様は、神の子という自覚を持って切磋琢磨する者を、分け隔てなく愛していらっしゃいます。

「私」の成功、おおいによし。「あなた」の成功、おおいによし。「社会」の繁栄、おおいによし。神の造られた世界には元来、パイの取り合いがありません。「ＡＬＬ‐ＷＩＮ」の世界です。人を認めることが、結局、自分が認められることにつながるのです。

24

心の点検③　本当の〝与える愛〟

人に愛を与えようとした時に、うまくいかないことも多いものです。私の経験を含め、観察していると、うまくいかないのには三つのパターンがあるようです。

①見返りを求める愛

イエス・キリストは「与える愛」を伝えられましたが、これは「見返りを求めない愛」のことで、言い換えると「GIVE&GIVE」です。一方、我々の日常の「与える愛」は「見返りを求める愛」で、言い換えると「GIVE&TAKE」の場合が多いのです。

人は「見返りを求める愛」に警戒をします。「与える愛」が単なるおせっかいになっているのです。これでは相手から感謝も得られず、神様から愛のエネルギーもいただけません。「与える愛」は〝与えきりの愛〟でなくてはいけないのです。

②愛の種類を間違える

「与える愛」は、与える人の心境によって、種類が違ってきます。男女間や家族では「愛する愛」。一般社会においては、相手の立場、力量も見極めた上での「生かす愛」。自分に不利益を与える人々に対しての「許す愛」。と、このように「愛」は変幻自在の自分を表現します。ですので、相手の心境に合わせた「愛」を与えるように心がけましょう。

一方で、愛の大家イエス・キリストは、神の教えを扱うにあたって、弟子たちにものすごく情熱的な叱咤もしています。愛には、激しさの一面もちゃんとあるのです。

③心の距離を間違える

普段はあまり関わりがない人から、突然「与える愛」の行為をされたらどう思うでしょうか？　普通の人ならば、逆に警戒してしまい、その人を近づけないように何かしらの防御策を講じるでしょう。自分の家に他人が土足で入ってきたら、次は入ってこられないようにするのと何ら変わりません。相手との心の距離を適切に取ることは、「与える愛」の実践において大変重要なことです。

ビジネスでは「身近な人が一番説得しづらい」という鉄則があります。これは一般的にも同じです。距離が近ければ近いほど「GIVE&TAKE」を求められるため、なかなか「与える愛」に躊躇する場合が多いのも事実です。

相手の心を理解できず、一時的に「見返りを求める愛」に陥っている状態を、「慈悲魔」と言います。一方で、イエス・キリストの説いた愛は、キリストが亡くなったあとも後世の人が「与える愛」を行っているため、今でも愛の大河、すなわち「慈悲」が流れています。相手のことを考えて、見返りなく届ける愛は、間違いなく「与える愛」なのです。

自分がしてほしいことを相手にさりげなく行う、それが「与える愛」の基本です。試行錯誤になるでしょうが、「与える愛」を実践しましょう。

そして、その積み重ねが、あなたの成功を後押しするのです。

25

実学①　角と柱　――副（複）業について

ここからの五項は「実学」に触れてみたいと思います。実学とは、この世で役立つ実践学のことです。

本項のタイトルにある「角」とは多角経営、「柱」とは多柱経営のことです。

大リストラが始まっているこの時代、生きてゆくためには自衛をしなければいけません。本書のStorysの最初から、理論どおり行えればいいのですが、会社勤めをしているならば、副業を余儀なくされたり、本業の他にスペアとして複業を始められる方もいらっしゃるでしょう。

私の失敗談も交えて、副業もしくは複業の注意点をお伝えしたいと思います。

その前にご説明しておきますと、「副業」とは、本業になる柱があって、その脇に柱を立てる考え方。ここでいう多柱経営の考え方です。もう一方の「複業」は、複数の分野に事業を展開して、バランスを取りながら運営する、いわゆる多角経営の考え方です。

これからの時代、どちらがいいかと言えば、多柱経営を基本とすべきです。多角経営がゼネラルな考え方なのに対し、多柱は、種類は少ないけれどもオンリーワン的な考え方です。多柱の方が、コア・コンピタンス（専門分野の競争力）を生み出しやすいからです。

副（複）業で一番気をつけなければならないのが、力の分散による共倒れです。資本は無限にあっても、時間は有限です。一日にできることは限られていますから、扱う業種を増やせば増やすほど、それをマネジメントする時間が増えるということです。

私は以前、建築設計業務と建築のＣＧ制作業務の二本立てで仕事をしていた時期がありました。理論上は、両者とも関連性があり、うまくゆくものと思っていました。ところが、データのやり取りや打ち合わせはメールや電話でできるものの、当時どうしても克服できない課題がありました。それはＣＧの色です。

行き詰まった原因は簡単なことでした。クライアントの望むデータを作ったとしても、出力機械の性質や出力する紙の品質によって、アウトプットされた品物の色が全く異なってくるのです。データで納品しても、色が違うというクレームばかり。結局のところ、自社の出力機で打ち出したCGを持って先方に行き、手直しを受けて修正するという、時間と神経をどんどん失う負のスパイラルに陥りました。むろん、商売としては続かず、二年でCG制作業務から撤退しました。リストラもしましたが、機械万能の今の社会を見るに至り、正しい判断だったと思っています。

そして、副産物として得られたものが二つあります。一つは、建築設計事務所としてCG制作のノウハウが持てたこと。もう一つは、ドッグイヤーと言われる流れが速い世の中では、一〇年のスパンで物事を予測するのは非常に難しいということがわかったことです。ポケベルがいい例だと思います。

副（複）業を行うことは、社会の行く末が見通せない中、備えとして大事な部分はあります。ただ、難しいことでもあります。これからは副（複）業にこだわらず、職域と自分の持つ強みを見据えて職業の選択をするとか、今の職能の幅を広げる、新しい分野を開拓するなど、知恵を絞ることが大切です。そのような姿勢を続けていると、必ず神様からのギフトが届きます。

あえて私がアドバイスをするのであれば、本業、副（複）業のうち、一つはパソコン、インターネットなどのツールがなくてもできる職業を勧めます。今後の世界、社会情勢次第では、昔帰りする可能性もあるからです。そのような厄災、苦難を経て、人間の心に信仰が生まれ、そこに先端技術が加わる時、本当の意味での新しい社会が始まると私は考えます。

26

実学②　小は大を兼ねる

これまでは「大は小を兼ねる」が一般的でしたが、これからは逆になります。

話は少し横道にそれますが、ラグビーは実力がスコアに忠実に反映される競技のようで、格下が格上を破ることを「ジャイアントキリング」と呼んでいます。日本語に訳すと「大番狂わせ」という意味で、私も日本でラグビーW杯が行われるまで知りませんでした。

これからは、世の中でもこの「ジャイアントキリング」が数多く出てきます。

同じものを扱っていても、流行るところと流行らないところが出てきます。それは何なのか。すなわち、人気です。人気を決めるのは、究極のところ、誰かにとって価値があるかないかということです。

人気の秘訣は、大きいところと小さいところ、そしてたゆまぬルーティンにあります。

Apple を例に考えてみます。まず、小さいところの話です。

Apple の創業者で元CEOのスティーブ・ジョブズは、ディテールにこだわっていたことで有名です。彼が今の iMac の前身であるマッキントッシュのマシンの製作に関わった時のこと。開発のエンジニアたちが渾身の思いを込めて作ったマッキントッシュの試作品を見ていて、マシンの中にある、通常は人の目に触れないプリント基板に注目して一言。

「これは美しくない」

部品そのものはきれいだけれど、配列が美しくないというのです。

エンジニアの中からは反論が出ます。

「重要なのは、それがどれだけ正しく機能するかだけでしょう？　基盤の配列を見る人などいないのですから」

しかし、ジョブズは続けます。

「できる限り美しくあってほしい。箱の中に入っていても、だ。優れた家具職人は、誰も見ないからといってキャビネットの背面を粗悪な板で作ったりしない」

結果、皆はジョブズの意見を聞き入れ、試作品を作り直しました。

そしてそれは、中身もデザインされているということから、ボディをスケルトンにするという、通常では考えつかない発想へとつながっていきます。

次に、大きなところの話では、「製品ではなく、使いやすい美しい作品を創る」というコンセプト、饒舌で人の心を揺さぶるプレゼンテーション、すなわち、プロダクトデザインではなく、アートという意識、そうした傾ける情熱に裏打ちされたAppleの作品が価値を生み、世界中で人気が出たということです。


「デザインはディテールの集合体」とよく言われますが、物事の大小にかかわらず、細部に心を込める、こだわるということは、価値を生む第一歩だと思います。この、小さいもの（ディテール）にかける努力を惜しまない気持ち、そして大きいもの（ユニークなコンセプト、利他の気持ち）がアジャストした時に、疾風が吹きます。

そして、「小は大を兼ねる」。小さい個がたくさん集まり、しなやかで堅固なネットワーク、すなわち「絆」ができる時、「ジャイアントキリング」は起こるのです。

27

実学③「ありがとう、みほこさん」

「ありがとう」と言われて、悪い気分になる人はまずいません。この言葉を常々言っていれば、人間関係で困ることはほぼないでしょう。自分も良くなり、相手も良くなる魔法の言葉です。

コミュニケーションには様々なルールがありますが、それを円滑にするのが人間関係です。本項では、知っておいた方がいい人間関係の心のルールに触れてみます。

①人は理性二〇%、感情八〇%で動く

人間の行動は、一見すると通常は理性八〇%、感情二〇%だと考えがちですが、実際は、感情、すなわち心によって行動しています。

②人は事実ではなく、言葉に反応する

例えば、人から「お前、バカだな」と言われたとしましょう。とても嫌いな上司から言われたら怒りの感情を覚えるでしょうし、反対に、好きな人から愛嬌のある言い方で言われたらうれしくなったりします。要は、事実ではなく、「誰が言ったか」「言い方がどうだったか」「その時のシュチュエーションはどうだったか」など、様々な条件で受け取る側の反応が変わってくるということです。これは活字でも一緒です。メールやブログ、ＳＮＳの書き込みは記録として残りますので、ご注意ください。

③人は、その人に会えば会うほど好きになる

接触回数を増やすことで、共感ゾーンを増し、他人に対し好感を持つようになります。これは「ザイアンスの熟知性の法則」と言われています。

④人は、好意や親しみを感じている人からの要請を受けると、それに積極的に応えようとする傾向がある

⑤最初の四分間で、第一印象は決まる

これは人間関係だけではなく、書籍やドラマ、映画、講演なども同じで、最初の四分間に興味が起きればその後も真剣に見る、聞く。興味が起きなければやめる。という意思決定の一つの目安とも言えます。

良好なコミュニケーションは、以上のような人間関係の心に基づいて成立します。そして、本項のタイトルにある「みほこさん」とは、「(相手を)認める」「(相手を)を褒める」「(相手を)肯定する」「(相手に)賛同する」という、コミュニケーションの基本的態度の略称です。

さらに付け加えるのであれば、「聞き上手になる」と「アサーティブな姿勢」は欠かせないスキルです。「アサーティブな姿勢」は聞きなれない言葉かもしれませんが、「他人の権利を侵すことなく、自分の権利を主張する、いわば公平性のある主体的姿勢」という意味です。「中道」とも言います。

以下は、日本でコミュニケーション、プレゼンテーションの分野を開拓した草分けの一人でいらっしゃる箱田忠昭氏が述べた言葉です。

「ひとつの言葉でケンカして　ひとつの言葉で仲直り　ひとつの言葉でお辞儀して　ひとつの言葉で泣かされた　ひとつの言葉は　それぞれにひとつの心を　持っている」

コミュニケーションは、仏教でいうと「正見」「正語」「正思」の三つの「正道」に通じます。汎用性がありますが、とても難しい分野です。でも、これがコントロールできると、人から愛されるし、人生が豊かになります。

人は吐いた言葉を吸います。自分が吐いて自分が吸った言葉でも、心持ちが変わります。明るく感謝に満ちた言葉を言うよう（吐くよう）に心がけましょう。例えば、「ありがとう、みほこさん」と。

28

実学④ 努力に優る天才なし

成功を語る上では、この「努力に優る（勝る）天才なし」が一番必要です。何もせずに、ある日突然、成功が転がり込んではこないのです。やはり、うまずたゆまずの努力が必要です。

天才と言えば、我々が一番に思いつくのが「イチロー」でしょう。

彼は入団当初、まだ二軍にいる時、打撃フォームに悩んでいましたが、当時の河村打撃コーチと相談し、「振り子打法」という今までの概念を覆す打法を身につけ、次第に頭角を現してきました。一軍も間近になりましたが、そうは問屋が卸しませんでした。一軍の土井監督をはじめ、首脳陣から「振り子打法」が理解されず、逆に「足の速さを活かしてゴロを打つように」と打撃方法を変更するよう要求されますが、イチローは拒否しました。そしてしばらくの間、彼は一軍で日の目を見ることはありませんでした。

イチローが本来の力を発揮したきっかけは、仰木彬監督という豪快奔放な監督が就任したことです。仰木監督はイチローの才能を認め、当時、登録名はまだ「鈴木一朗」だったのを「イチロー」に変え、出場機会を与え、その才能を開花させたのです。その後のイチローの華々しい経歴は、皆さんご存じのとおりです。

イチローは、代名詞である「振り子打法」を、メジャーリーグに挑戦する際に「すり足打法」へメジャーチェンジしています。これは、メジャーのピッチャーの速球に振り遅れないためです。またそれ以降も、構えをオープンスタンスにしたり、クローズにしたり、バットを寝かせたフォームを採用したり、毎年のように打撃フォームをマイナーチェンジしていました。それはおそらく、毎年毎年、自分が成長するための努力を欠かさない人だからだと思います。

イチロー曰く、

「努力せずに何かできるようになる人のことを『天才』と言うのなら、僕はそうじゃない。努力した結果、何かができるようになる人のことを『天才』と言うのなら、僕はそうだと思う。人が僕のことを、努力もせずに打てるんだと思うなら、それは間違いです。」

イチローが言うように、「天才」と巷から称される彼ですら、努力の人なのです。

努力とは、具体的には「主体的に考えながら、行動すること」だと思います。

この努力の継続は、「念い」の継続を生むので、途中であきらめなければ「願い」が叶います。そして、「天才」や「偉人」と言われる人たちは、一般の人が思う「願い」が叶っても、自分なりの強い志《こころざし》を持っているので、それに向かって常に努力をする人たちなのです。

努力の成果は、いつも遅れてやってきます。その成果が届くまでに必要なのが胆力です。

成果が届きだしたら、それを元手に努力を積み重ねましょう。他人と比較する必要は全くありません。成功とは、速さを競うものでなく、その人が人間的にも成長し、自分や周りの人や社会を幸せにすることが真の成功なのです。

千里の道も一歩から。基礎や土台を大事にする。そんな努力の積み重ねが、成功を引き寄せるのです。

29

実学⑤　良い時、悪い時

経営者であれば、毎月、支払日だけは特別な日ではないでしょうか？　けれど、支払いを済ませたと思ったら、もう次の支払日……。一ヵ月がとてもとても短く感じられます。中には、不安定な社会情勢も加わって〝眠れぬ夜〟を過ごす方もたくさんいらっしゃるでしょう。けれど、どんな苦境に陥ったとしても、一日一転、地球は回っています。必ず朝は来るのです。

勝海舟は「人生七年周期説」を唱えました。「照る日、曇る日、雌伏すること久しければ、飛もまた高し」ということで、要約すると、人生は、やはり良い時、悪い時の周期があり、その周期が七年から一〇年で変わるという考え方です。「日が当たらなくても、七年あるいは一〇年たてば、時代が変わり、日が当たるようになる。そういう時のために、たゆまず自分を磨き続けておく。そうすれば、雌伏何年かのうちに雄飛することもある」という意味です。

すなわち、良い時も悪い時も一〇年は続かないということです。

まさしく、人生は七転八起です。

そうであれば、やることは一つ。良い時は、これからに備えて努力をする。悪い時は、良い時が来る日まで努力して耐える。そういう考え方が必要となってきます。

そして、大事なことが一つあります。心配事を先取りしても何も生まない、ということです。良い時も悪い時も中道に入り、淡々と毎日を過ごし、日々、自己研鑽を怠らない気持ちを持ち続けましょう。行動・判断も、極端に走らず、時には徐行したり、時には加速したりで困難を乗り切っていく……そんな処世術が必要になってきます。

不安になって気持ちが落ち着かない場合は、世の中の情報から一旦、自分を切り離してみてください。情報の〝断捨離〟です。現代にあふれ返っている情報の渦と付き合うと、心の中まで悪い情報に支配されます。そうすると、悪い念いを呼び込み、望まない現実を引き寄せてしまいます。そうならないためには、生きていくために必要な、人と人との一次情報のみ入手して、間接的な二次情報と、スポンサーが付いている第三次情報をシャットダウンすることが有効です。

また、月並みですが、悩みがある時は、仕事の量を少し多くします。悩みを考える時間を減らすのです。そして、仕事の能率を上げるために、前日の夜に明日の段取りをイメージしておきます。早寝早起きを習慣とし、重要な判断は夜ではなく、お日様が出ている日中、できれば朝にすることをお勧めします。

ソビエト連邦の最初で最後の大統領のミハイル・ゴルバチョフがこう言っていました。

「楽観主義で行け。諦めるな」

〝眠れぬ夜〟は長くは続きません。必ず朝が来ます。

人間を含め、地球に生きている多くの動植物が光を求めて生活しています。それに違えず、地球も朝を、光を届けます。この地球の営みのように、我々も、良い時も悪い時も、コンスタントに努力を続けていきましょう。

30 道は開ける

本書では、Storysは「理論」と「トピックス」に分かれています。

I章では主に理論を書きました。Ⅲ章では、考察と関連するトピックスを書いています。


Storysは、今までの成功論とは視点が違います。

お金でお金を増やしたり、物をテコで動かすような最小の力で楽に成功できる方法論ではありません。それらとは全く逆で、自ら主体となって額に汗して努力して考えたり行動を行うことで、見えない無限のエネルギーを入手、共有し、皆で成功・繁栄をしていく視点で書いた成功論です。ですので、これに見合うエピソードも少ないのも事実で、要点はこのI章の三〇節でまとめました。時代が変わる節目の今では、必要かつ十分な量だと思っています。

本章の最後に、これは運命論に近いのですが、「道は開く」ものなのか、「道は開ける」ものなのかを考えてみます。

結論から言うと、「道は開ける」ものです。

成功とは、自分の人生を豊かに生きることだと思います。たゆまぬ努力と、他人や社会、そして神様との関わりにおいて、エネルギーを得て、実現できるものです。

今まではそれが、目に見えるものがすべてという唯物論によって、この世の仕組みが成り立っていました。しかしこれからは、人類が本来の姿、神仕組みに気づき、それに基づく社会が創世されるでしょう。今はマイノリティである「心」に価値を求める考え方が、やがてマジョリティとなります。その時に備えて、私は本書を書いています。

これまで、心が持つ重要性を書いてきましたが、それはこれからいろいろな分野で考察、研究されることでしょう。

心には段階があります。そして、目に見えないものを信じる、目に見えないエネルギーを探求することが、新時代の繁栄の鍵となります。すなわち、信仰心です。信仰心とは一言で言うと、神と人をつなぐ大切な線《いと》です。正しい信仰心を持ち、正しい念いと行動をすれば、今までより、より善く、より早く身を立てられます。

人間、生きているようで、生かされているのです。

I章を締めくくるにあたり、松下幸之助氏の名言を紹介します。

「他人の道に心をうばわれ、思案にくれて立ちすくんでいても、道はすこしもひらけない。
道をひらくためには、まず歩まねばならぬ。
心を定め、懸命に歩まねばならぬ。

それが、たとえ遠い道のように思えても、休まず歩む姿からは必ず新たな道がひらけてくる。

深い喜びも生まれてくる」

そう、「道は開ける」ものなのです。

Chapter Ⅱ

心に響く言葉たち

日本の精神

日本の精神とは、「わびさび」「おもてなし」「武士道」「大和魂」「言霊」等々で、英語で表記すると、「Wabisabi」「Omotenashi」「Bushido」「Yamatodamashii」「Kotodama」。

すなわち、外国語でうまく翻訳できないのが、日本固有の精神なのです。

わびさび

一般的に、質素で静かなことを言いますが、一方で、諸行無常（＝変化）が美しいとする美意識をも表し、日本文化の中心思想です。

おもてなし

おもてなしは、ホスピタリティと同義ですが、もう一つの意味があります。

「表無し」とも書き、「表無し、裏無し」という裏表のない心も、おもてなしと呼びます。

武士道と大和魂

以下は、YouTuber の張陽氏の言葉です。

「武士道」は精神を高めるために修行すること。

「大和魂」は日本人固有の気質を示す。

「大和魂」は八百万《やおよろず》の神への信仰と、正々堂々を持ち合わせた気質であり、「武士道」は素朴ですが、日本独自の徳目や美学を育んできた尊い教えです。

「大和魂」は「武士道」という修行を経て、日本の高い道徳や精神を育んできたのです。

言霊

人が「願い」を叶えられる最大のツールは、多様なスキル、機会ではなく、「言葉」です。

中でも、韻を踏む、母音の強い言霊は最強のツールです。

やまとなでしこ

今ではこの言葉を知らない人も多いと思いますが、日本人の「才色兼備」の女性のことを言います。

しかし、男性にとっては、縁あり連れ添うパートナーは、自分にとって最高の「やまとなでしこ」ではないでしょうか。

恩義礼節

恩を義理で返す。節度のある礼儀作法をわきまえる。

グローバル化が薄れる中、そんな日本独自の文化を、もう一度見直してみませんか？

初心忘るべからず

これは、Appleの創業者で元CEOのスティーブ・ジョブズが褒めた言葉です。外国語にはないのですね。

成功を目指している時も、成功した時も、そして失敗した時でも、いつも原点である「初心」を忘れないことが大事です。

しつけ

しつけ、を漢字で書けますか？

「躾」と書きます。身を美しく、という意味です。

親としては、子供に身を美しくしてほしいもの。そのためには、我々大人が自分の身を美しくする必要があると思います。

情報

情報には、もう一つ意味があります。

情報は「情けに報いる」と書きます。情は残心となり熱を生み、報恩は善の循環を生みます。そして、速さではなく「本質」を届けることです。

唱歌に学ぶ

唱歌「仰げば尊し」の、二番のさびの部分の歌詞です。

「身をたて、名をあげ、やよ励めよ」

これは立志を願う激励の言葉たちなのです。

「たたり」と「のさり」

「たたり」とは、悪霊のさわり、すなわちネガティブな作用です。

「のさり」とは、良くも悪くも天からの授かりもののことで、すなわち、心の持ち方ひとつで、ネガティブな作用にもポジティブな作用にもなります。

おかげさまで

「おかげさま」の語源は仏教で、「神仏などの目には見えない加護や助け」という考え方から来ています。実は、社会や相手への感謝の言葉だったのです。

和顔愛語《わげんあいご》

笑顔は相手に幸せを与えるという意味です。顔施《がんせ》とも言います。
また、優しい言葉も相手に幸せを与えます。
そして、これらは今からすぐにできる「与える愛」の行為です。

塩梅

昔、まだ醤油などがなく、塩と梅酢だけで料理の味付けをしていた時代がありました。
たった二つの調味料の、ほんのわずかな配分の違いで味の善し悪しが決まります。
日本のものづくりも、この「塩梅」の気持ちを持ち続けてほしいと思います。

運は運ぶものなり

チャンスの女神には後ろ髪がないと言われます。
それならチャンスを自ら取りに行きましょう。
もしくは引き寄せて、チャンスを受け取りましょう。

一期一会

統計によると、人生八〇年生きて、毎日一人、新しい人に出会うとすると、約三万人（SNSなどでの出会いは除く）。

そのうち、二回目も会う人は約三〇〇〇人。

すなわち、約二万七〇〇〇人が一期一会なのです。

出会いを大切にしましょう。

娑婆と極楽浄土

娑婆は「この世」。なんでもありで、万人がうなずく法がない世界。

極楽浄土は「あの世」。苦しみや悩みから解放され、あまたの仏が法を説いている世界。

時代が変わる今、娑婆で仏陀が正法を説いている。

四苦八苦と煩悩

四苦は、生苦、老苦、病苦、死苦。四×九（苦）で三六。八苦は、この根本的な四苦に加え、愛別離苦《あいべつりく》、怨憎会苦《おんぞうえく》、求不得苦《ぐふとくく》、五蘊盛苦《ごうんじょうく》。八×九（苦）で七二。

三六＋七二で、一〇八。すなわち、これが人間の煩悩の数です。

口一つ、耳二つ

これはユダヤのことわざです。

自分が話す倍、人の話を聞きなさい、ということです。

不易と流行

これは松尾芭蕉の言葉です。

「変わらないもの（不易）と、変わるもの（流行）」、意味的にはそうですが、「見えないもの（本質）と、見えるもの（仮想）」とも捉えられます。

本書は文理を問わず、主にこの「不易」について書いています。

立ち向かう人は鏡なり

人の立ち振る舞いを見て、嫌な感じを受けたことはありませんか？

けれど、自分がそう感じている場合は、相手もそのように感じている場合が多いのです。

逆に、人の立ち振る舞いに好感が持てる場合はどうでしょうか？

その場合は、あなたの立ち振る舞いが、相手から好感を持たれているということです。

自助努力と他力本願

「自助努力」という言葉が一人歩きすると、なんでも自分でやらなければならないというＭＵＳＴな考えを生みます。

これからの時代の自助努力とは、自分でできることはやって、他力本願の気持ちをなくし、世の中の豊かさを願う心持ちとセットです。

「ヤバい」の語源

この「ヤバい」という言葉ほど、ここ近年で意味が変わった言葉はないのでは？　と思います。

今は「すごくいい」「魅力的」という意味で使われることが多いですが、昔は「危ない」「状況が悪い」という意味で使っていました。

「厄場《やば》」という、牢屋や看守を意味する言葉があり、それらに関わるような危険な状態を、江戸時代の泥棒たちの中で「ヤバい」という隠語で使いだしたのが始まりとされています。

愛の対義語

「愛の反対は、憎しみではなく、無関心」

これはマザー・テレサの言葉と言われています。

人は、人に関心がなくなる時、愛もなくなります。

今の日本では、古《いにしえ》の「遠慮」が「無関心」にすり替わっています。

善と悪

神のエネルギーは光一元です。

元来、光が注ぎ明るい善なる世界ですが、何かの拍子に曇りを生じると、そこに影ができます。その影こそ悪なのです。

光を増すことで影をなくすこともできますが、かえって影が濃くなる可能性もあります。ですから、まず曇りをなくすことが先決です。

これが善悪二元論の基本です。

そして、善悪に大小はありません。あるのは勧善懲悪のみです。

予言と預言

未来を予想し、言い当てることは「予言」。

神の言葉を預かり、それを伝えることは「預言」。

預言者は、一つの時代に一人です。

「品」の持つ意味

品格、品質、上品……「品」はいろいろな体《てい》を表す言葉ですが、もともとは仏教の浄土宗の「九品《くほん》」という言葉が基本です。

「九品」は人間の品格を九つに分けたものであり、生前の「品格」は、死後の「往生」にかかわってくるという教えです。

また、特別な「品」を持つものを「別品《べっぴん》」と呼びます。

心の容《かたち》

生まれたばかりの心は、真ん丸の球です。ところが、この世に持って生まれた気質、様々な経験、ストレスやプレッシャー、そして業《カルマ》と対峙していく時、この真ん丸の球は、いろいろな形に変形していきます。

この変形をそのままにしておくと、心は真ん丸の球には戻りません。癖《へき》が生まれるからです。そして、それを元に戻すのが信仰であり、反省や祈りなのです。

自由の前提

自由には責任が伴います。「なんでもあり」ではなく、自分が責任を持てる範囲で自由が許されるのです。

この概念に規制をかけ過ぎると、不自由になります。なので、規制緩和は必要です。

信用と信頼

「選手は信頼しても信用するな」

故・星野仙一氏が、原辰徳氏に伝えた言葉です。

「信頼」とは、信じて頼りにすること。「頼りになる」とは、信じること。

「信用」とは、相手のそれまでの行為・業績などから、信頼できると判断すること。

意味の違いはあれど、相手を信じることが基本なのです。

二つの意識

「問題意識」と「当事者意識」。

問題意識は、ややもすると、他人任せになりやすい。

当事者意識は、独りよがりになりやすい。

両方持つことで、視野や視点が変わり、自分なりの正しい判断と行動ができます。

凡を極めて非凡に至る

心を込めて仕事をやっていくと、質を落とさず、スピードを上げる工夫が必要となってきます。

そして、苦労を伴いながら、平凡に、平凡に、努力していくと、ある日、楽に成果が出るようになります。これを「セカンドウインド」と言います。これこそが非凡なのです。

本筋を違えない

日本の社会には「筋」という言葉があります。物事の道理のことです。
「本筋」とは、その中でも最適な物事の道理のことを言います。
そして、「本筋を違えない」とは、物事に対し誠実に接する姿勢から生まれてきます。

身口意一致《しんくい》

これは昔のことわざです。「言うこと、考えること、行動することが同じ人」を「みこと（命）」と言います。私たちも日々、そう心がけたいものです。

「わかる」と「まなぶ」

「わかる」こと、即ち「わける」こと。
「まなぶ」こと、即ち「まねる」こと。
学問の基本は、「わける」ことと「まねる」ことから始まるのです。

解決する。創造する

これは林修先生の言葉です。

これからの教育は今よりも一歩進んで、よみかきそろばんから始めて、最後は自分で問題を解決できる、未来を創造できる人財を育成してほしいところです。

瞬策を極める

「瞬策」は耳慣れない言葉かもしれませんが、完成度の高い即興に近いものです。

例えば、あなたが仕事でプレゼンテーションを行っている時に、マシンやアプリにトラブルが起こったら、どうしますか？　そのような時に、即座に機転が利いた行動が取れることを瞬策と言います。

仕事ができる人は、これを体得している場合が多いです。

瞬策の源は、リハーサルではありません。イマジネーションです。

風を聞き、水を呼び、光を灯す

これは、情報の流れです。世間の情報を聞き、良い情報を入手できる仲間を見つけ、煌めく情報を発信する、ということです。

先人への感謝

「水を飲む時、最初にその井戸を掘った人のことを忘れない」ということわざがあります。

我々日本人が今、生活できるのも、先人が作り上げてきた礎があるからです。先人に感謝し、尊敬しましょう。

そして、今を生きる我々も、将来の日本人から感謝され、尊敬されるような何かを残しましょう。

創見は難く、模倣は易し

有名な「コロンブスの卵」の話です。言われてみるとそうだけれど、実際は誰もやっていない……。常識を破るとは、意外にそんなことかもしれません。

貴賤のたとえ

「生業に貴賤はないけど、生き方に貴賤があるねえ」

これは、勝海舟の言葉です。

職業に貴賤はありません。生業を賄うことは、大変尊いことです。一方で、人それぞれの生き方には、学ぶべきものがある反面、見るに堪えない生き方もあるということです。

良薬は口に苦し

「リスクはくすり」です。

リスクには準備して、加速度をつけて事にあたりましょう。人生において超えられない壁はありません。

そして、そのリスクを解決できた時、智慧という薬を得るのです。

果報は練って待て

講演家で作家である、我が兄濵田幸一氏から教わり、本田宗一郎氏や様々な著名人が言っている言葉です。

同じ果報を待つのであれば、その間に自分をアップグレードして待ちましょう。「タイミング・イズ・マネー」です。

身はたとひ武蔵の野辺に朽ちぬとも留め置かまし大和魂

これは吉田松陰の辞世の句です。

この身はたとえ武蔵野の地に朽ち果てようとも、日本を思う魂だけでも、この世に留めて置きたい、という意味です。

そして、この愛国心があったからこそ、我々の今があるのです。

インスピレーションの質

インスピレーションが心に下りてきたと思ったら、次の三点を点検してください。

一点目は、外部からの耳元での囁きでなく、自分の内側から湧いてきたものかどうか。

二点目は、その内容が、自分と世の中を幸せにするものかどうか。

三点目は、そのインスピレーションそのものに〝品格〟があるかどうかです。

本物は内容に一貫性、期間に継続性があります。

インスピレーションと称して、悪魔、悪霊が、己心の魔に付け込み惑わせることがあります。ご注意ください。

プレゼンと信仰

見えるものを説得するのが「プレゼンテーション」。
見えないものを得心させるのが「信仰」。
これからは、「見えるもの」より「見えないもの」がスタンダードとなってきます。
「見えないもの」を信じることで、どのような力が出るか、やってみませんか？

間違いない投資

数ある投資で一番間違いがないのが、自己投資です。裏切らないからです。
まず、自分の畑を耕しましょう。そして、種をまいて、手入れをするのです。
きっと成果という花が咲くでしょう。

汝、この地、この刻、この身があることに、幸《さち》あらんことを慈《いと》え

今の日本に、今の時、生きていることは、大変尊いことなのです。
とりあえず、要らないものは捨てて、まず自分ができることから始めましょう。

この世に媚びず、光を放て

これから新たな文明開化がやってきます。
今の時代、この世での〝使命〟を持っている人が数多くいるはずです。
皆で素晴らしい世界を創っていこうではありませんか。

Chapter Ⅲ

考察・トピックス

31

見えないエネルギー①　「空《くう》」の思想

本章では「エネルギー論」について、文理を問わず本質を考察してみたいと思います。ここからの七項は、私と同じように、日常で論理的思考を行っている人、理系の人に是非読んでいただきたい部分です。

少し違う方向から、神のエネルギーについて考えてみます。

Ｉ章で「霊とは、固有の波長を持った、無形で、質量を持たないエネルギーである」と定義しました。これは神のエネルギー（＝Ｌ）が原資となっています。

エネルギーそのものを少し深掘りすると、厳密には、質量・形状とエネルギーの関係は、以下の三つに分けられます。

ｍ：質量があり、有形であるもの。アインシュタインの相対理論で定義されるエネルギー

ｑ：質量がなく、有形であるもの。もしくは、質量があり、無形であるもの。量子力学の光子のような、ｍとＬの中間に位置するエネルギー

Ｌ：質量がなく、無形であるもの。今回定義する、神のエネルギーや霊エネルギー

ｍ、ｑ、Ｌというエネルギーの形態の違いによって、エネルギーの立振舞（＝自由度）や法則が変わってきます。たとえるなら、水（液体）が氷（固体）や水蒸気（気体）に形態を変える時、水という実体は変わりませんが、特性やあてはまる法則が変わってきます。エネルギーも全くこれと同様です。さらに一言添えるなら、ｍが一般科学、ｑが量子力学・宇宙学、Ｌが宗教という守備範囲になります。

今回、考察を行うのは「Ｌ：神のエネルギー」です。これは連続的に供給されている、そして循環しているエネルギーでもあります。

エネルギーが存在すると、そこには「場」ができます。物理の世界では、重力からでき

L：見えないエネルギー

図4　「無」の状態

図5　「空」の状態

る「重力場」や、磁力からできる「磁場」が代表的なものでしょう。

我々が生きている3次元地上界の場、すなわち空間は、何のエネルギーで構成されるのでしょうか？　それは「L：神のエネルギー」で構成されているのです。

図4、図5をご覧ください。

図4は「無」の概念を表現したものです。まさしく何もない状態です。

図5は、見えないエネルギーが存在して、場を形成している状態です。

お釈迦様はこの状態を「空」（＝諸法無我）と呼びました。お釈迦様は二五〇〇年以上前に、このことがわかっていらっしゃったのです。

この見えない神のエネルギーは「神の光」とも言われ、哲学では「イデア」、キリスト教では「愛」と呼びます。そして、宇宙では「フリーエネルギー」とも呼ばれています。

エネルギー的には同じものでも、時代、場所、宗教などの背景が違えば、違う表現となってきます。しかもこのエネルギーは、質が極めて高く、古《いにしえ》の時代から人類が築いてきた文理、叡知、そしてＡＩを集めても到底敵《かな》わないのです。我々が固定概念で捉えているエネルギーとは次元が違います。神のエネルギーは、実体も創れるし、創造的で、我々の心や精神の基礎になっている、今の人類には想像しえないほどの善なるエネルギーなのでしょう。

図６をご覧ください。

神のエネルギーが場を作り、１～３のようにエネルギーが流転する過程で「時間」の概念が生まれます。そして、その場（空）はいつも変化しています。このように、エネルギーがいつも移り変わり、その場としての空間が常に変化している状態のことを「諸行無常」と言います。

そして、見えないエネルギー「空」（Ｌ：質量がなく、無形であるもの）は、１～２のように「色」（ｍ：質量があり、有形であるもの）に形を変えたりします。言い換えると、エネルギーの形態が変わることを意味します。またこの逆もしかりです。これが「色即是空　空即是色」です。

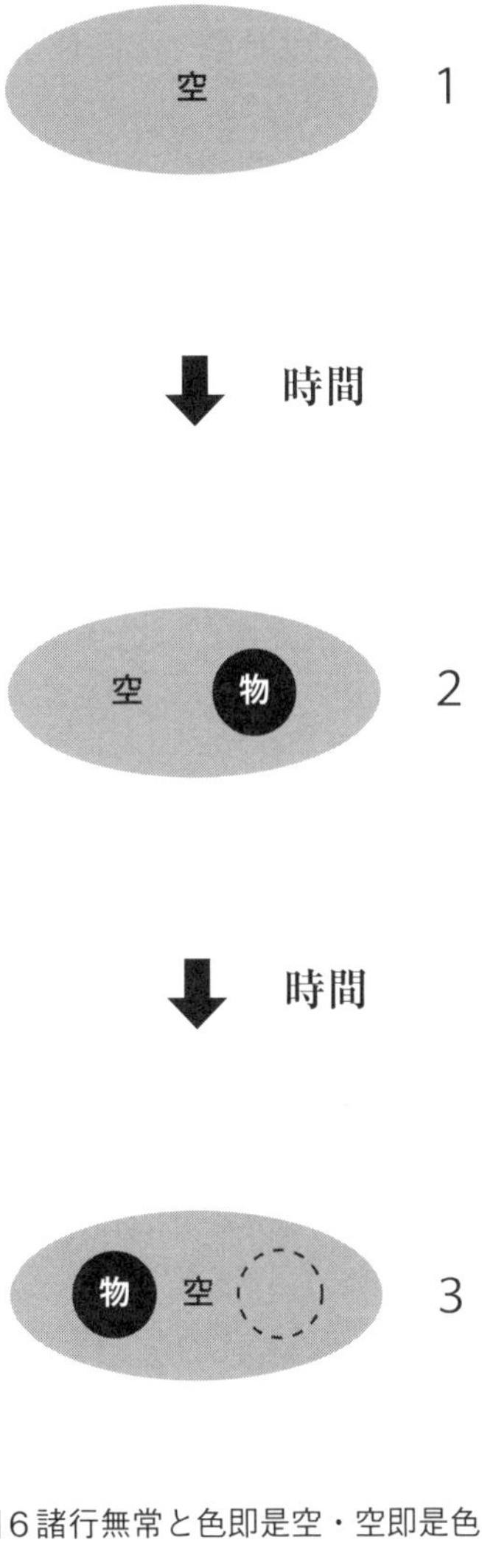

図６諸行無常と色即是空・空即是色

お釈迦様は、このことを伝えたかったのだと思います。

量子力学の世界で「真空」とは、空気はもとより、あらゆる物質やエネルギーを完全に取り除き、完全に「無」になった空間ということになっています。そこでは、光を含むすべてのエネルギーが除去されて、真っ暗で、観測や測定ができない状態です。その「真空」

は元来、「無」の状態であるはずなのですが、「真空」のいたるところで、無数の粒子が出没したり、発生源のないエネルギーが取り残されたりして、「無」から「有」が生じている事例が報告されています。ということは、量子力学の「真空」の状態でも、場（=空間）が存在すれば、なんらかのエネルギーが存在するということになります。

これこそが、量子力学での「空」の状態です。

お釈迦様が説法されていた当時は、このような科学的アプローチがなかったので、歴史的には文系的な言葉の解釈で言い伝えられていますが、お釈迦様はこの世とあの世の仕組みをも悟っていらっしゃったのでしょう。

突き詰めていけば、3次元地上界（この世）は、空間、時間、物質まで含めて、エネルギー一元の世界です。そしてこの見えないエネルギーは､神の子人間の持つ正しい「念《おも》い」の力によって「空即是色」すなわち「願いを叶える」ことも可能なのです。

愛の大家イエス・キリストも、神の世界は愛に満ちあふれていると知っていらっしゃったのでしょう。

この論理的考察からは、「目に見えず、形状・質量を持たない、創造的で継続的に流れるエネルギーは存在する」と導き出されます。

32

見えないエネルギー② 与える愛

昔、友人と「転生輪廻」の話をした時のことです。

彼は化学を専攻している学生でした。私は当時から「転生輪廻」は信じていましたが、彼は信じていませんでした。「死ねば終わり」という考え方です。

その時に彼が「mol」の話をしてくれました。「mol」とは、化学における物質量を示し、1mol は 6.02 × 10^{23} 個の集団を表します。彼曰く。

「砂粒を 1mol（6.02 × 10^{23} 個）集めると、地球上に一メートルを超える砂粒が堆積する。それに比べたら、人間なんて小さなものだよ」

それを聞いた当時の私は、「なるほど、そうか」とはなりませんでしたが、彼の言い分も理解できました。

今になって思うと、得てして私たちは、今までの常識や自分の持つ現在の価値観、ヒューマンスケールで物事を考えがちです。これは相対的なもので、絶対的なものではありません。そして、自分の専門のジャンルでしか考えることができないという傾向もあります。

今回、私は、神や宗教が言う言葉を聞くだけで思考停止してしまうこの世の趨勢の中で、神理とは、文理ともに整合している普遍の法則であり、どの視点に立っても（ここでは理系）ちゃんとした理論展開ができるだろうという観点で考察しています。

前置きが長くなりましたが、「与える愛」について、エネルギーの観点で書いてみます。言うまでもありませんが、「与える愛」は「信仰」が前提です。

「人にしてもらいたいと思うことは何でも、あなた方も人にしなさい」

これがイエス・キリストの説いた愛のあり方、すなわち「与える愛」です。

神のエネルギーは、親和的性質を持ったものに出合うと増幅されます。例えば、「私」が「あなた」から良いことをされ、「ありがとう」と感謝の言葉を言ったとしましょう。

行為や感謝が「見返りのない愛の行為」と見なされる場合、「あなた」は神様からエネルギーを一つ届けられます。そして、感謝をした「私」から「あなた」へ、神様のエネルギーがさらに一つ届けられます。また、神様から、行為に感謝を行った「私」にエネルギーが一つ届けられます。結果、「私」のエネルギーが一つ、「あなた」のエネルギーが二つ、合計で三つ増えるのです。ALL－WINです。

このように、見返りを求めない与える愛や感謝、利他の気持ち、相手に対する優しい行為、そして神様への祈りは、周りの人や神様からたくさんのエネルギーをいただきます。それは、あなたの見えないエネルギーを増やし、信用や徳を育むなどの無形資産を増やし、あなたの成功へのプロセスをより善く、より速くしてくれるものなのです。特に現在（二〇二〇年～）のような時代の変わり目には、神のエネルギー（フリーエネルギー）が大きく与えられ、念いが具現化しやすくなり、新しい時代の創世を促すようです。

以上のような背景を得て考えてみてください。これが世界単位で、垣根なく与える愛や感謝の気持ちが広がったらどうでしょうか？　とてつもない神のエネルギーを生み出し、世の中の人の心を豊かに、そして幸せにしてくれると思いませんか？

ところで、神を理系的に考えると、どのような存在なのでしょうか？

謹みを込めて言えば、「我々を生み出し、生かし、創造的で善なるエネルギーを、見返りなく永遠に供与してくださる絶対的存在」と私は考えています。

33

見えないエネルギー③　因果応報＝原因・結果の法則

ニュートンの「運動の第二法則」はご存じですか？

F＝ma「質量mの質点に、力Fが作用すると、力の方向に加速度aが生じる」（F＝力　m＝質量　a＝加速度）という内容です。

この式は、実際は「F→ma」で、力は等価ですが方向性があります。すなわち、「力を作用させることで（原因）、mの質量の物体に加速度を生じる（結果）」という「原因・結果の法則」でもあります。逆はありません。

物理の法則の中には、このような「原因・結果の法則」を含むものが多数あります。

「原因・結果の法則」は、仏教的では「因果応報」とも呼ばれ、神理の中でも、我々が生きていく上で重要な法則となっています。すなわち、原因があって、それに結果が伴うという法則です。３次元地上界（この世）でも、この「原因・結果の法則」は経験上、ある程度はわかると思います。良い心を持ち、良い行いをすれば、良い結果が出てくるし、悪い心を持ち、悪い行いをすれば、悪い結果が出てきます。

京セラの創業者、稲盛和夫氏は、ご自分の著書『心。』の中で、

「利他の心をもち、良き行いをすることは、おのずと運命を好転させることにつながる。宇宙にはそのような『因果の法則』が厳然と存在しています」

「悪しき心をもつ人が現れたらどうするか。もっともよい方法はかかわりをもたずに離れていくことです」

と、良い「原因・結果の法則」と、悪い「原因・結果の法則」を述べられています。

成功を目指すに当たって、この「利他」という心の発露は大事です。この思いが、種（原因）となり、良い果実（結果）を生むからです。

明るく、前向きに、そして利他の心を持ちましょう。

では逆に、悪い結果を生むのは、どういったものでしょうか？

仏教では、心を乱す、不幸の原因となる煩悩が一〇八つあると言われていますが、その中でも「心の三毒」である貪《とん》・瞋《じん》・痴《ち》に注意してください。

「貪」とは、むさぼり、必要以上に求める心。「瞋」とは、怒り、憎しみ、妬みの心。「痴」とは、おろかさ、愚痴、無知のことです。

「原因・結果の法則」は、すぐには、そして直接的には見えないため、事象が起こった時に何が原因かわからない場合が多々あります。良い結果の時には、神様や周りの人に感謝をし、結果が思わしくない場合は、自分の言葉や心を点検して、思い当たることがあれば反省しましょう。

この力学の法則は、「成功するためには、良い種をまくのを心がけることが非常に大切だ」ということです。

34

見えないエネルギー④　波長同通の法則

再度、霊エネルギーの方程式を見てみましょう。

E＝λΣL

（λ＝波長　ΣL＝個々の霊の持つ神のエネルギーの総和　L＝神のエネルギー）

この項では、この中のλについてお話しします。

私たちが生活している3次元地上界でも、「波長」という言葉はよく使います。「あなたとは波長が合う」とか「今日は波長がいい（体の具合がいい）」とか様々です。また、実社会においては、同じ波長であれば「共鳴」という現象を起こし、テレビやラジオ、無線に関わる通信手段の礎となっています。

霊エネルギーでは、このλ（波長）が個性を決めます。

推測の域を出ませんが、「念い」はこのλの中心となる「素」として存在しそうです。ですので、魂はλにLをまとい、永遠の生命体として存在しているのです。


余談ですが、その人の持つ霊エネルギーの大きさとは、どういうことを意味するでしょうか？　人間が人格を持つように、霊にも霊格があります。この霊エネルギーが大きいほど、λ（波長）が洗練されている霊ほど、多次元実在界の上段階に存在していて、それは高級霊とも天使とも言われています。転生輪廻で魂修行をするというより、この世を良くするために、目的を持って転生する魂とも言えます。

それは、正しい心を持った世界の偉人であったり、宗教家、政治家、哲学者、科学者、武将、経営者、また芸術家もこの高級霊界に多数いらっしゃいます。明治維新になぜ多くの志士が出たかというと、時代を変えるという目的があったため、多くの高級霊が転生したからです。また、高級霊がこの世に肉体を持って転生する時、霊視ができる方であれば、よく昔の絵画に描いてあるような、頭に後光が見えるとのことです。

さて、λ（波長）に話を戻します。

この世の共鳴現象と同様に、霊エネルギーでも共鳴現象が起きます。これは「波長同通の法則」と言って、λ（波長）の同じものは引き合うという法則です。人間の世界でも「類は友を呼ぶ」とか「以心伝心」などがありますが、霊の世界でもあります。同じλ（波長）であれば、「協力」することで、お互いのエネルギーを大きくすることができますし、良い波長であれば、多くの共感も呼べます。しかし、この逆もまたしかりです。

「波長同通の法則」は、何もあの世ばかりのことではありません。この世の人の心にも同通するのです。霊は生まれてくる時は善なる心を持っていますが、3次元地上界において修行する際に、邪《よこしま》な心を抱いたままあの世に還ると、地獄へ行くそうです。しかも、あの世に還ってから「自分は霊であり、永遠の生命体で、魂修行をしていたのだった」とわかり、その人生を振り返って、自分で行き先を決めるそうです。

地獄に行った霊（悪霊）は何をするでしょう？　自分で心の浄化ができる人は、すぐにでも天国と言われるところに還れるでしょうが、普通は地獄での苦しみを受け、それに耐えられなくなった場合などに、３次元地上界の同じ波長を持つ人間に「憑依」します。これが「悪霊のさわり」です。悪霊に憑依された人間は、心や体に異変を生みます。一時的なお祓いをしても、その人の心の波長が変わらなければ、憑依を繰り返すだけです。

これを根本的に防ぐには、生きている自分の心の波長を変えるか、反省で心の曇りを取るか以外に方法はありません。この「波長同通の法則」を知らない限り、なかなか「悪霊のさわり」との縁を断ち切ることができないのです。

お釈迦様は、「他人と過去は変えられない」とおっしゃいました。逆の言い方をすると、「自分と未来は変えられる」のです。「悪霊のさわり」には、反省と明るい気持ちで自分の心を変えていき、悪霊と波長を合わせなくするのが唯一の処方箋なのです。

あの世には、確かに悪霊や悪魔がいます。そして、自分が永遠の生命体と知らぬまま自殺したり、あの世の存在を頑なに否定したりして、不成仏となっている霊もいます。しかし、地獄と言われる霊界は、４次元実在界の一部に過ぎません。一般の人が考えるような天国五〇：地獄五〇の世界ではありません。光は、闇よりはるかに大きいのです。

「憑依」という話をしましたが、身近なところでも憑依現象はあります。わかりやすい事例を二つ。

一つは風邪やインフルエンザです。風邪やインフルエンザのウイルスそのものが人に感染すると言われていますが、その原因は定かではありません。しかし、実は毎年、寒い時期になると大量の虫が亡くなり、浮遊霊の集合体ができ、風邪やインフルエンザのウイルスがそれと一体となって、気力、体力の弱った人間に憑依（感染）をするのです。「風邪は人にうつすと治る」という言葉がありますが、まさにそのとおりです。

もう一つが、女性が妊娠した時に起こる「つわり」です。妊娠することとは、自分とは違う新しい魂を受け入れること、すなわち憑依現象の一つなのです。そのため、一時的に体に拒否反応が起こる状態が「つわり」なのです。

では、今、世界で猛威をふるっている新型コロナウイルス感染症（COVID－19）はどうでしょうか？　これも、風邪やインフルエンザと同じ憑依現象の一つです。ただし、風邪やインフルエンザとは違い、λ（波長）が、「得体の知れないものだから怖い！」「かかったらどうしよう……」などという「恐怖心」と、前述した刹那的な「心の三毒」貪・瞋・痴が同通要因となっています。

もちろん、感染源に近づかない、衛生的である、免疫力を保つ、健康的な生活をするという肉体的な防御も必要ですが、心を明るく持ち、過剰な「恐怖心」へ同通しないという〝心の備え〟が大事です。「恐れ」を引き寄せないようにしましょう。そういった意味では、マスクも立派な心を守る鎧です。

世の中が明るくなる兆しが少しずつ見えだし、特効薬や治療法が開発されれば、それだけで心の波長が変わってきますので、将来的には、新型コロナウイルスは普通の感染症の一つになると思います。

仮説で、見えない霊エネルギーを定義していますが、もし3次元地上界で「見えない霊エネルギーを実証してみせよ」と言われた場合、霊の持つλ（波長）で共鳴現象を実証することが一番早いのではないでしょうか。今も昔も、特定の一部の人がチャネリングであの世の霊の言葉（霊言）を受け取り、発信しています。けれど、これをこの世の機械の出す周波数で受信でき、万人が霊言を聞けるようになったらどうでしょう？　かつてトーマス・エジソンが試みた「霊界通信機」のイメージです。未来に期待しましょう。

35

見えないエネルギー⑤　縁

霊エネルギー（＝魂）の方程式、E＝λΣL（λ＝波長　ΣL＝個々の霊の持つ神のエネルギーの総和　L＝神のエネルギー）のλを引き続き考察します。

λ（波長）は個性を決めると前述しましたが、方向性と領域の二面性もあり、「縁」にも関係しています。「縁」は「いろいろなもののつながり」を表します。また「よすが」とも読み、心のよりどころの意味もあります。人間、「縁」があるから生きられるのです。

この世は一人では生きられません。必ず人とのつながりがあってはじめて、この世で生活できるのです。

エネルギー的に言うと、このλ（波長）は「縁」とどういう関係にあるのでしょうか？

前項の「波長同通の法則」は、λ（波長）の同じものは引き合うということでした。では、引き合うことで何が起こるのでしょうか？　それは、共鳴して、お互いにエネルギーの与え合いを行います。波長が合う人とは、気が合うため、会話をしたり、食事をしたり、相談をしたり、それぞれのお世話をし合います。見返りのない愛の行為をお互いに行うので、エネルギーが互いを行き来し、エネルギーの量を増やしていくのです。

波長が合う人同士なら、なんとなくその理屈もわかりますが、世の中、自分の波長に合う人ばかりではありません。皆、いろいろな波長を持っている人と出会い、この世で生活をしています。けれど、波長が合わない人とは、そもそも縁がないが場合が多いのです。一緒にいるとなんだかつらくなるなど、心に違和感を覚えてきます。

しかし〝心の達人〟になると、相手の波長に合わせて、自分の波長を変えることができます。他人を変えるのではなく、自分が変わるのです。このλ（波長）のレンジ（領域）が大きい人ほど、縁多き人だと思います。

縁とは、エネルギーをやり取りするつながりと考えた方が適切かもしれません。

多次元界にいらっしゃる大霊や高級霊は、λ（波長）のレンジ（領域）が大きいので、この縁を多数、持っています。そして、λのレンジが大きいほど、神様から大きなエネルギーを与えられると解釈できます。一般的には、魂は転生輪廻を繰り返すたびに、新しい縁と出会い、磨かれ、今までの縁とともに励まし、魂修行をしていると言えるのではないでしょうか。

また、縁には「因縁」という言葉があります。「因縁の相手」「因縁をつける」など様々な場面で使われます。前者は「切っても切れない（運命に導かれた）相手」で、後者は「関係を持つ」という意味で捉えられます。「因縁」を辞書で調べてみると、「物事が生じる直接の力である因と、それを助ける間接の条件である縁。すべての物事はこの二つの働きによって起こる」と説かれた仏教語だそうです。お釈迦様にしか本当の意味はわからないでしょうが、「因果応報」と「縁起」の意味を包含したものかもしれません。

人間がこの世に生まれてくる時には、やはり縁の多いところに生まれてきます。なので、決して一人ではないのです。縁のある人と出会い、魂を磨き、お互いにエネルギーを与え合い、成長していくものなのです。ご縁のある方を大切にしましょう。

36

見えないエネルギー⑥　悟り

見えないエネルギーは、どこから供給されているのでしょうか?

太陽、地球、自然から得られるのが一般的でしょう。そして、見えないエネルギーは、実は人からも供給されています。それは「与える愛」という行為から供給されるものと、「悟り」を得た者の供給するエネルギーです。

「悟り」とは、お釈迦様の教えでは「執着を取り去って、永遠の真理を会得すること」です。一般的には、「物事の真の意味を知ること」と解されます。お釈迦様は、反省によって自分の心の曇りを取り去ることで、この世とあの世の神仕組みを「悟り」ました。

お釈迦様の悟り(=大悟)とは次元が違いますが、「悟り」とは、霊的に言うと、この世の知識を凌駕したあの世の指導や智慧がダイレクトに受け取れる状態になることです。「悟り」は、外界から得られるものでなく、内なる心から得られるものなのです。

では、エネルギー的に見ると、「悟り」とはどのような状態なのでしょうか？

この「悟り」の状態になると、内なる心を経由して、神のエネルギーを自らが供給できる状態、すなわち「自灯」できるようになります。「悟り」を得た者は、自分のみならず、周りや社会に分け隔てなく光（＝神のエネルギー）を灯します。それによって、この世の中が明るくなっていきます。そのような人が多く出てくると、この世の中が変わっていきます。

一つの時代が終わる時には、時代が暗く沈みます。世の中が闇に包まれる時、この「自灯」する者を目指し、迷える人々が集います。「自灯」する者は、自分が知りうる「悟り」を旨として、多くの人々に光を分配するのです。

一言で言うと、「悟り」を得るとは、エネルギーの基地局ができるということです。

その基地局のエネルギーは、神からエネルギーを得て、人々に愛のエネルギーを与えます。人々にエネルギーを与えることで、また神から、周りから、さらなるエネルギーを得ます。結果、ますます大きなエネルギーの基地局となるのです。

このように、見えないエネルギーは人からもこの世の中に供給されるのです。

「悟り」を得ることには、老若男女、人種、肩書、所有物、この世のものは一切関係ありません。「反省する（＝内省して、心をきれいにする）」ことで、誰でも「悟り」を得ることができます。

その一方で、「悟り」を〝継続する〟ことは難しいのです。「悟り」を得たことで、増上慢になって転ぶ危険性が出てくるからです。「悟り」を得た者は、謙虚な心と日々の反省、そして強い信仰心を持つことが、今まで以上に必要となります。そしてこの世的に言うと、「悟り」たる者は、人格が良くなってきてしかるべきなのです。

ラジオで「心のともしび」という、半世紀以上続いている番組があります（現在はインターネットラジオでも放送）。そのオープニングのナレーションは、毎回同じです。

「暗いと不平を言うよりも、すすんであかりをつけましょう」

「悟り」を得るということは、愛という名のエネルギーを供給できる存在になるということなのです。

37

見えないエネルギー⑦ 解ける宇宙の謎

さて、見えないエネルギーの項も最後となりました。

最後は宇宙の話をしたいと思います。エネルギーからの観点で、宇宙を考えてみます。私は専門家ではありませんので、あくまで概念的な話です。

物理の世界では、宇宙はビッグバンが起こって生まれたという考え方が主流です。それも近年の測定技術の発達によりわかり、「宇宙は膨張しており、そうすると必ず出発点があるはずだ」と考えられ、それがビッグバン説の根拠となっています。また、「宇宙の膨張速度は減速しておらず、むしろ加速しており、（通常の爆発では減衰が起きるが）減衰していない」という発見も得ています。

わからないことは他にもあります。まず、有限か無限か。そして、ダークマター、ダークエネルギーとは？　ブラックホールとは？　そしてビッグバンとは何か？

これらを、31～36の「見えないエネルギー①～⑥」に沿って考えてみましょう。

私は建築設計に関わることを生業としていますが、偶然の積み重ねで「建物」はできません。必ず、「建てる」という意思があって、エネルギーをかけて設計・施工して出来上がるものです。それは、何百年、何千年かけても「偶然に建った」はありません。

次元は違いますが、宇宙もそうです。3次元地上界（この世）は、創造主によって造られたものです。神が「念い」をもってデザインし、エネルギーを与え、造られている世界なのです。理由もなく偶然にできたものではありません。そう考えないと、論理的に説明がつかないのです。

ビッグバンは、神が「無」から「宇宙の創造」という「有」にされた最初の状態を言います。それから、神はエネルギーを注ぎ、愛情をもって、この世界を見守られてきました。宇宙空間も「空」の状態そのものだと思います。

ダークマターは、銀河の回転曲線問題から生まれた仮説の物質で、「質量は持つが、光学的に直接観測できない」と定義されています。ダークマターは「神のエネルギー（フリーエネルギー）」が、宇宙の存在に必要な物質またはエネルギーに変化しているものだと思います。

ブラックホールは、もともと惑星という物体があり、それが何らかの理由で極縮小、もしくは消滅し、極めて強い重力場のみが残っている状態だと推測します。

そして、宇宙は有限か無限かという問題です。

エネルギーがあるところに、場「空」が生じます。エネルギーがないところは「無」です。また、エネルギーが増えれば、場「空」が広がります。すなわち、「有限であるが、空間そのものは広がっている」と考えられます。宇宙空間が広がっているのは、神がエネルギーをうまずたゆまず供給（＝循環）されているためです。

そして加速膨張は、宇宙内での善なるものの行為（親和性のある光エネルギーの増幅）によって、単純に善のエネルギーが増して、場「空」が＋αで広がっているとも言えます。宇宙全体では、善なる方向へ向かっていると言えるでしょう。

宇宙科学者は、宇宙が加速膨張する一因に、斥力が働く正体不明のダークエネルギーという存在を唱えていますが、実体とは違うのかもしれません。また、これまでのエネルギー一元論の仮説の上では、物体や時間が歪むことも当然考えられます。ただ、宇宙に関しての我々人間の認識としては「無限」と位置づけしても何ら支障がないレベルだと思います。

職業柄、私は空き家をよく見ます。人が住んで居ないだけで、家はどんどん朽ちていきます。地球もそうですが、宇宙には意思が働いています。それは、朽ちていくものではなく、美しいものであり、すなわちエネルギーの調和が取れているから美しいのです。

以上のような考察をしていると、ワープ（＝テレポーテーション）の概念も出てきます。二〇二一年、米国国防総省からＵＦＯの公式確認情報が出されました。宇宙人はいます。しかし、地球から一番近い恒星がケンタウルス座の恒星で、それでも四・三光年かかります。宇宙人はどのような方法で地球に来ているのでしょうか？

アインシュタインの相対性理論によると、「ｍ（質量のあるもの）は、ｃ（光速）より速く進めない」とされています。すなわち、物の状態では光速まででしか移動できないのです。見ていると、ＵＦＯの航行には、反重力によるものと、ワープによるものと、大まかに二通りに分かれているようです。

一点目は、空間がエネルギーで構成されていると仮定して、空間から外力（例えば電磁力等）を取り出すことが可能であれば、外力と重力を利用した反重力航行の仮説は成り立ちそうです。

次に、今までのエネルギー論と多次元実在界を合わせて、ワープを考えてみます。ステップ順に説明すると、
①物体（質量があり、有形であるもの）を、霊（質量がなく、無形であるもの）にエネルギー変換する
②ｍ（質量）とｔ（時間）の概念がない多次元実在界（霊界）で目的地に移動する
③霊（質量がなく、無形であるもの）を、物体（質量があり、有形であるもの）にエネルギー変換する
というワープ理論が考えられます。

我々はどうしても時間や空間を捻じ曲げてワープを複雑に考えがちですが、エネルギー変換と多次元実在界の併用で、ワープ理論は構築できそうです。要するに、ワープとは、霊界航行のことです。こっちの方がすっきりします。

しかし、このワープを実用化するには、エネルギー変換の際に、技術的なものもさることながら、特に人間の心の訓練が必要とされると考えられます。ワープ理論がないと、宇宙人とも交流できません。彼らは霊の本質や多次元実在界のことを知っていると思います。予想としては、我々人間が霊の本質や多次元実在界のことを理解した時にはじめて、彼らは姿を現すのではないでしょうか。

また、この概念を延長すれば、タイムマシンもできそうです。しかし、過去・未来を行き来することは、神理の「原因・結果の法則」に抵触してしまい、アナザーワールドを生む可能性もあるので、できるのかもしれませんが、運用が難しそうです。

以上、長々と考察を進めてきましたが、私が何を言いたかったかというと、

・3次元地上界は、神が造られ、そのエネルギーの流転にて我々が存在していること。

・信仰や与える愛の行為が、神のエネルギーを大きくしてくれること。
・それは、我々の真の成功や繁栄に寄与すること。

ということです。そして、大きなこと（宇宙）と小さなこと（量子力学）では、いまだ人類は本質を突き詰めていないのです。実は、そのディテールに神が宿ります。

信仰がなくとも、神理に合っていなくても、この世において、ガタイの大きさや力技によって一時的な結果を得ることはできるでしょう。しかし、途中で不協和音が出たり、エネルギー不足となったり、最終的には思わしくない結末を迎えます。それは国家単位でも同様です。

自分にはもう何もない、終わりだ、と思っていませんか？　大丈夫、見えないエネルギーは、まだまだたくさんあるじゃないですか。

38 時間――パレートの法則

宇宙というスケールの大きい話をしましたので、次は少し現実的な話をします。t（時間）です。

私たちは一年でどれくらいの労働時間を費やしているのでしょう？

一年三六五日のうち、休日は平均一二〇日なので、差し引くと二四五日。一日八時間労働とすると一九六〇時間となり、おおむね二〇〇〇時間内外になります。

今後、予想されるあなたの時給に二〇〇〇時間をかけてください。それが、「時間あたりいくら」という考え方で得られるあなたの所得になります。

さて、皆さんは、「パレートの法則」はご存じですか？　「80：20の法則」とも言われていて、時間論的にいけば「仕事の成果の八割は、仕事に費やした全体の時間のうちの二割の時間で生み出している」と解釈されます。

一日に八時間働くとすると、八割の仕事の成果を生み出しているのは一・六時間で、残りの二割の成果に六・四時間をかけていることになります。

パレートの法則はもともと経験則ですが、正しい法則だと思います。

この考え方に則っているのが「成果主義」で、逆に時間いくらの考え方が「結果主義」です。たとえが適切でないかもしれませんが、前者が「仕事」で、後者は「労働」とも言えます。

これからの時代は、ＡＩが我々の仕事をサポートしてくれますから、時間いくらの考え方はどんどん衰退していきます。そんな中で、仕事の在り方は、「高い成果をあげるために、時間をどう有効に使うか」という主体的な考え方が主流になってくるでしょう。時間は有限ですが、濃淡があるのです。

時間を有効に使うための、三つのポイントを考えてみました。

①考え方に優先順位をつけ、行動に反映させること

これは今でも時間管理の王道と言える考え方です。

②良質なインプットを得るために、適切なアウトプットをすること

これからの時代はアウトプットが大事ですが、このアウトプットをすることで、自分の考えが整理されて、さらに良質なインプットを求めるようになります。

③自分が普段関わらない分野や実学を学び、偏らない思考を養うこと

文系の人であれば理系の分野を、理系の人であれば文系の分野を、会社勤めの人で可能な方は、サイドビジネスで商いを学んでみるとか、自分のジャンルではない分野の知識、経験を得ると、専門分野の考え方が広がります。

二〇〇〇時間の二割は四〇〇時間。理論上では、一日のうち半日仕事をすれば十分な成果が賄えそうです。仕事を、人間にしかできないことと、ＡＩやロボットがサポートできることに振り分けると、究極の「働き方改革」になりそうです。人生を楽しめそうです。

でも、怠けてはいけません。人と人との間でしか仕事は生まれないし、人と人とのつながりで仕事は進んでいくのですから。

39
荷重　――借財と未来への投資

Ⅰ章で、これからの時代はできるだけ、m（荷重）を減らすことが必要と述べましたが、具体的にはどのようなことなのでしょうか？

繰り返しになりますが、荷重は正しい心で適切に使えばエネルギーを生みますが、そうでない場合、荷重は負荷になります。

霊的な部分は除き、この世的な負荷を考えてみましょう。

それは、借財です。賛否が分かれる「ＭＭＴ（現代貨幣理論）」について考えてみます。

ＭＭＴとは「自国通貨建ての債務であれば、政府の財政的な制約はないため、赤字が増えても財政は破綻しない。自前の通貨を持つ国がいくら自国通貨建てで国債を発行しても、債務不履行（デフォルト）には陥らない」という考え方です。この理論で、最近の日本経済は成り立っています。景気が悪くなると国債を発行して、お金を刷って、経済に需要の場を先につくる、あてがうという考え方です。ポスト・ケインズ理論の一つです。

負荷で一番大きいのが、未来に対する借財です。

MMT理論は理屈としては整合しているのでしょうが、実践してみると、今を生きるために未来からの多くのお金が現在に供給されている状態を容認するという実態を生み出します。そしてそれが常態化すると、経済の歯車が次第に狂ってきます。エネルギーの立場から見ると、借財は金利も含めマイナスのエネルギーです。現在が、未来を制約してしまうからです。

応急的措置でやむを得ない部分もあります。しかし、必要以上の借財による需要喚起は、過剰なエネルギー供与の副産物として、元来必要でないものまで、現在に物や組織として存在させてしまいます。その結果、無駄なものを生み、そしてその維持にさらにお金やエネルギーを費やします。いわゆるバラマキ経済です。ですので、経済は必ずマインドとセットでなくてはいけません。

この世の中は「成長すること」を前提に考えられてきました。その前提を守るため、いろいろな経済の考え方が生まれ、実践されてきました。そして、お金そのものに価値があるわけではないのに、信用による価値に裏付けされてきたお金が、いつの間にかお金そのものに価値があると解釈を違えた結果が今なのです。

経済成長はおろか、恐慌まで生み出しそうな現状において、もう今までのような心なき資本主義経済の常識は通用しません。いずれにしても、これらの負荷は、次の時代に持ち込めません。この国の借財と国民の資産をどう考えるか。この負荷の清算に、国民一人ひとりに主体的な合意が求められると思います。国はまず目指すべき国家理念を示し、社会構造自体も変えなければ難しいと思います。

世の中、いい話ばかりではありません。ここ一番では、他人任せにせず、皆で何をすべきか考えることが大事です。

ここで一つ、提案です。

足るを知り、今を生きてみませんか？

たとえゼロからのスタートとなっても、それを教訓として活かし、新しい社会が生まれる、明るい未来をイメージしましょう。その思いが、価値ある未来への投資そのものなのです。

40

「願い」と「的」

Storysでは、目標を「願い」（大目標）と「的」（小目標）で表現しています。
なんともレトロな表現です。通常の目標設定であれば、「夢」とか「ゴール」とか「ターゲット」などと表現しそうです。新時代の成功論を語るなら、もっとかっこいいネーミングをしたいところですが、実を言うと、今までの目標に使われている言葉に、Storysのコンセプトに合う言葉がなかったからなのです。

Ⅰ章で、「願い」は漠然としたもの、願望に近いものと表現しましたが、これは「あなたは人生をどう生きたいですか？」という、自分の人生を改めて考えてほしいという気持ちから「願い」というネーミングに決めました。

一説によると、「人生は九〇%が決められており、残り一〇%が努力で変えられる」と言われています。「運命論」と言われるものです。また、魂はこの世に転生してくる時、あらかじめ自分の人生の計画を持って生まれてくるそうです。

また、老子の説いた教えに、「無為自然の道」があります。この宇宙に貫徹している原理原則に添った生き方をする、という考え方です。すなわち「ありのままに生きる」ことです。また、老子は、人間も宇宙の一部、天地自然の一部としてこの世に生み出されたものであると考えていらっしゃいました。

先の「運命論」と、老子の「無為自然の道」を考えの基にして、「自分が何のために、この世に生まれてきたか」という意味を見つけ、それを「願う」生き方を行うと、成功そのものが結果として人生の成功につながるのではないか、と私は考えました。そして、それこそがStorysの本質でもあります。

極端に言うと、自分の人生を見つけるための「願い」は、後づけでもいいと思います。急がなくても大丈夫です。ただ、アクションを起こさないことには何も始まりません。

次に、「的」の持つ意味とは「成果」を出すことですが、時には「的」が外れることもあるでしょう。それでも、「的」を決めて「的」を探していくうちに、成功・失敗を繰り返しながらも、「的」の行き先もだんだんと見えてくると思います。いわゆる試行錯誤をしながら、人生を渡ってゆく。そのためのガイドとしてStorysのような考え方があると、人生の意味もわかりやすいと考えています。すなわち、人としての道を外さなければ、敷かれたレールを走る必要は全くないのです。道筋は人それぞれでしょう。

人間みんな、生まれてきていること自体が尊いし、それぞれに必ず人生の意味があります。老若男女を問わず、今の時代に、今の年齢で、今の境遇で生きている意味は何なのでしょうか？　これを機に、自分の人生をもう一度考えてみませんか？　必ず「願い」があるはずです。

「願い」は「的」を射ることであり、射った「的」を積み重ねると「願い」が叶います。

41

夢を描く力

第四五代アメリカ合衆国大統領ドナルド・トランプ氏は言いました。

「どんな夢でも大き過ぎることはないし、どんな挑戦でも大き過ぎることはない」

この世では、「大きな夢を持ちなさい」と言われます。子供にこの手の質問をすると、それぞれが思い思いの言葉でつたなく伝えようとしてきます。それを聞いた大体の大人たちは言うでしょう、「夢を聞かせてくれてありがとう」と。そして、それは一時的な出来事として流します。予定調和の世界です。

ところが、「あなたの夢を、自分の身長と同じ大きさ（例えば一・五メートル四方）の紙に描きなさい」と言ったらどうなるでしょう？　きっと大学入試並みの難題となります。

それは子供の方ではありません。評価する大人がです。絵や文字、いろいろな表現と、子供が描く夢の中には、大人が理解できないものが多数あると思います。「大きな夢を持ちなさい」は、スローガンとしての意味もあると思いますが、「大きな夢を持ち続けなさい」と教える方が正しいと思います。

これから先の時代は、「夢を描く能力」と「夢を組み立てる能力」を見極めることが大事になるでしょう。それは時代の流れとして、個人の起業が増えてきて、働き方というか、働くという形態そのものが変化すると思われるからです。請われなくても「夢を描く」人には、天才型の人がよく見られ、こうした人たちはスポンサーに拠らず、独立して生活を営むのが望ましいと言えます。しかし、大きなことができる反面、一般的にはワンマンになりがちです。

それでは、「夢を描く」ことが苦手な人はどのようにしたらいいでしょう?

私を含めた大多数の人がそうだと思います。そういう場合は論理的思考をして、「夢を描く」ことを「積み木」で考えてみたらどうでしょう。現実問題として、資本も乏しく、至って普通の人々のオリジナリティの素は、現実的な考え方、商品、製品などの今あるものを「積み木」に見立てて考えるのが一案です。丸、三角、四角、多面、大小、そして智慧、様々な「積み木」を使って、夢を築き上げる。そのような方法もあるということです。また、頭数を増やせば、もっと多くの夢が描けるでしょう。

また、「夢を描く」ことは重要ですが、一方で「現状に即して、将来を嘱望する」という中道的な考え方もあるということを知っていただきたいのです。誰もがいきなり宇宙飛行士にはなれません。長い時間、専門の学問を究め、強い精神と体力を養い、幸運を持ち合わせないとなれません。今を抱きしめ、足るを知るところから、自分の夢を考え、描き続きませんか?

ドナルド・トランプ氏は次のようにも言っています。

「過去から学ぼうと試みるが、私は今だけに的を絞り、未来の計画を立てる」

冒頭の言葉とはかなりニュアンスが違う現実的な言葉ですが、「夢を描く」こと、「整理された計画」を考えること、「情意を持って行動」することを継続すると、必ず「成果＝新たな的」を得ます。そしてそれを続けていくと「大きな夢＝願い」の実現に近づきます。

時としてそれが今の時代の常識を覆すもので、世間に嘲笑されるものであっても、時代の流れが速い今日では、次の時代の新常識となる可能性があります。決して今だけで考えてはなりません。「夢を描く力」が生み出したものの価値は、一定期間の時代の風雪の期間を経て、世の中の進歩に帰依するものであったと評価されてはじめて、その立ち位置が不動のものとなるのです。

42

一言、二言、三言

言葉は「言霊」という力を持ちます。

言霊は、言葉の持つ力と配列、そして構成によって、感化する力が変わってきます。音楽にたとえると、曲の質が、作詞、作曲そして編曲によって変わるのと同じです。

そして、誰が言霊を語るか、音楽であれば誰が歌うかで、受け取る側の心の響き方が違ってきます。目と耳で伝えるものには、その人の持つ情意が込められています。

ここでは、言葉の構成について考察します。

まず、一言です。一言は「意味」であり「大義」です。

一言は簡易に受け取られがちですが、自分や相手、第三者からもわかりやすいという大きな特徴を持っています。行動も、この一言から始まります。

次に、二言です。二言は主に「対義」を構成します。

対義語は究極に異なる軸を持つ言葉で、例えば「善と悪」「有と無」「光と闇」「男と女」「右と左」等が挙げられます。宗教的に言えば、「善と悪」は「天国と地獄」、「光と闇」は「天使と悪魔」に置き換えられ、「有と無」は「この世とあの世」に通じます。

一方で、言葉的には対極でありながら、その対比によって新しい概念を生むのも二言です。前出の「右と左」は対義語ですが、「中」という、どちらにも肩入れしないものも関係が出てきます。このような考えをするのが「弁証法」です。

弁証法はギリシャ哲学から始まり、ドイツの哲学者ヘーゲルによって論理が確立されたと言われています。ヘーゲルの弁証法は、次の三段階のプロセスで構成されています。

テーゼ（命題）を提示する↓アンチテーゼ（反命題）を提示する↓テーゼとアンチテーゼの矛盾を解決するジンテーゼ（統合案）を提示する。この考えをもっと簡単にしたものが「正↓反↓合」と表現されています。

弁証法は、問題解決をする時によく使われるもので、二つの事柄を否定することなく、より良い解決方法を見つけ出す思考プロセスです。日本語の「中《なか》を取る」の考え方にも似ています。このように、二言は「対と同」そして「合」を生み出します。

最後に三言です。三言は「概念」や「安定」を生み出します。

特に「コンセプト」は三言が最小の単位ですが、これが四、五、六言……と増えていくと、逆にピンぼけしてしまう可能性があります。また、三言は三角形の構成をとることもできるので、言葉に安定が生まれてきます。

言葉や文章を考える時、以上の一言、二言、三言の持つ特徴を基に考えると、上質の言霊に巡り合えることができます。一見すると言葉遊びのようにも思えますが、言葉の構成によって、ミッションやアクションに大きく影響を与えることもわかります。成功への第一歩は、この言葉の力、すなわち「言霊の力」を利用することです。

では、「成功」は一言、二言、三言の、どのジャンルのどこに入るでしょうか？

「成功」自体に意味はありますが、大義ではありません。「成功」の対義語は「何もしない」であり、論理的に考えると「成功」は二言です。

「武士」はどうでしょうか？　これは一言です。「忠義」と読み替えてもいいでしょう。

余談ですが、「武士に二言はない」そうです。これは言い伝えです。聞き流してもらって構いません。他言は無用です。

43

戦略と戦術

「戦略」とは、例えば「富士山へ登る」と決めること。「戦術」とは、「富士山に登るルートを決める」ことです。この両輪があってはじめて、物事は前に進みます。

ビジネスモデルや商品開発、プロジェクト企画、経営方針策定など、いろいろなところで戦略と戦術は使われます。ただ、今の時代にこれまでのやり方で進めていくと、つまずく可能性があります。それは、今の時代からは、将来の社会像が見通せないからです。

戦略を決める時には、マーケティングや背景を押さえた上で、目標を決めます。新たなニーズにフォーカスして戦術を決めるのですが、目標を決める際に、どのような社会になるか想像することができないのであれば、戦略そのものが立てられないという結果になります。外的要因が不透明であればあるほど、従来的な戦略、戦術ではリスクが大きくなっていきます。

「十年一昔」と言いますが、今は「一年一昔」です。今、流行っているものが一年後にも流行っているとは限りません。倒産するはずがないと思われていた大企業ですら、コロナ禍の影響で倒産の憂き目を見る時代です。今までの戦術と戦略に基づく目標実現は、世界が落ち着く時が来るまで、外的要因が見通せる時が来るまで、しばらく書庫の片隅に片づけておいた方がいいと私は考えます。

Storysは、戦術先行で、戦略が後付けでもいいという部分が、目標実現の考え方と違います。まず行動し、小さくてもいいので成功してみよう、という観点からスタートします。小さな成果と、小さな果実。すなわち、「的」を射た上で、次の「的」を見つけるのです。

目標実現が「結果優先」なのに対し、Storysは「プロセス優先」です。

目標実現は、緻密な計画と忠実な実行、そして予想どおりの利益と、すべて計画どおりにできた時に評価を受けます。途中でハプニングが起こったとしても、よほどのことがない限り予定どおりに進めていきます。「熟考して、ひたすら走る」というやり方です。

一方、Storysは、「的」を射た時に再度、状況把握を行うので、予定していた「的」の種類が変わることも多々あります。成果の大きさもまちまちです。「考えながら、走る」というやり方です。

孫子の兵法に「彼を知り、己を知れば、百戦あやうからず」という常道があります。いつの時代も、どんな相手でも、自分の能力を知り、相手（社会）を知り、適切な計画を立て、行動を起こせば、負けることがないという意味です。古い言葉ですが、本質のそのものです。

これから先の時代は、世界情勢の激変が予想されるため、今までのやり方や常識が通用しないことが出てきます。その時に備えて、自分なりの〝戦い方〟を考えておくことはとても重要です。そのやり方が、他人と違ってもいいのです。真似るのではなく〝創る〟のです。

「彼を知り、己を知り、天と通じれば、百戦あやうからず」

今の時代に孫子が生きていたのなら、こう語るかもしれません。

これからの時代に合った、あなただけの「戦略」と「戦術」を見つけましょう。

44

六〇戦六〇勝

真剣勝負に全部勝った人がいます。そう、宮本武蔵です。彼は六〇回勝負して、六〇回勝ち続けました。無敗の剣豪です。

もしも宮本武蔵が現代に生まれてきたならば、武芸の達人になるよりも、商売人や哲学者として「負けないマーケティング」という本を書きそうです。命懸けの試合を六〇回やって、六〇通りの戦術を立てられる人ですから、魂的にとても優秀な方だと思います。

その宮本武蔵でさえ、神頼みをしようとしたというエピソードがあります。

宮本武蔵と言えば、巌流島での佐々木小次郎との決闘が有名ではありますが、武蔵の心の中で一番手こずったのは、吉岡家との戦いだったと思います。

吉岡家は代々、室町幕府の足利将軍家の師範を預かっていましたが、武蔵の義父である新免無二斎が吉岡家との三本勝負で勝利し、吉岡家の面目はなくなりました。吉岡家は面目躍如のため、その矛先を、無二斎の息子であり世間に名の知れた剣豪である宮本武蔵に向けます。

武蔵が二一歳の時、当時の当主である吉岡清十郎と戦いました。結果は、武蔵が木刀の一撃で清十郎を破りました。この時、武蔵は清十郎の命までは奪わず、敗れた清十郎はその後、出家したと言われています。これで武蔵は吉岡家と因縁がつき、今度は吉岡清十郎の弟である吉岡伝七郎と戦いましたが、武蔵はこれも退けました。

度重なる連敗に、面目躍如に躍起になった吉岡家は、兵術では武蔵に歯が立たないと見て、清十郎の子供、吉岡又七郎を押し立てて、さらに吉本一門、門下生数百人に弓矢などを持たせ、武蔵を亡き者にしようと企てました。

武蔵の門下生たちも謀略があることを察知して、武蔵に自分たちの同行を懇願します。しかし武蔵は、「門下生を連れていけば、党を組んで戦いを催すことになり、天下の大禁をおかすことになる」と言って、彼らの同行を許しませんでした。

戦いへ向かう道中、武蔵は、吉岡家との果し合いの時はいつも遅れて行って相手をイライラさせたので、「今度は先に行って待っていよう」と考えていました。さすがマーケティングのプロです。

その道中に八幡神社があり、武蔵は無意識に願掛けをしようとしましたが、その時、ハッと我に返ります。「自分はいつも『神仏は尊ぶべし、頼むべからず』と誓っていたのに、この果たし合いの前に祈ろうとしてしまった。どうして神様が受けてくれるだろうか。ああ、我ながら拙い」と反省したそうです。

さて、吉岡家との最後の勝負の結果は言うまでもありません。武蔵は、「又七郎、待ちかねたり！」との大声を上げ、一撃で又七郎を瞬殺し、門下生らの敵襲もかわし、窮地を脱することができたそうです。武蔵三連勝。そしてこの戦いの後、吉岡家は滅び、この因縁にも終止符が打たれました。

宮本武蔵は、己を知り、相手を知り、勝ち筋を得て、信仰を持ち、命懸けで戦いました。まさしく〝背水のマーケティング〟です。それによって、前人未踏の「六〇戦六〇勝」という伝説が生まれたのです。

45

殿様と殿《しんがり》

何かを行う時には、ただ進めればいいということではありません。時には「撤退」ということも考えて態勢を整えるべきだと思います。

本書では、「的」を射た時には、必ず現在位置を確認するというルールをお伝えしていますが、これによって、全体が見えたり、適切な判断ができたりします。違う活路が見出せるのは、結構そういう時だったりします。

前に向かって進む時は、リーダーが前に出て最前線で戦う姿が望ましく見えます。では、撤退の時はどうでしょうか?

私の経験上、撤退は前進に比べ、二倍の勇気と智力と労力を必要とします。撤退の時の方がはるかにエネルギーを使うのです。

戦国時代では、リーダーのことを殿様と呼びました。一方で、戦の時に撤退する場合、本体の最後尾を守る最後の砦を殿《しんがり》と呼びます。殿の役割は、本体の背後で敵の追撃を防ぎ、本体の撤退を援護するというものです。その目的のため、本体からの支援や援軍も期待できず、限られた戦力で敵と戦わなければならない大変危険な任務です。本隊の存亡がかかるこの殿は、昔から武芸や人格に優れた武将が務める大役とされてきました。

殿の話では、木下藤吉郎（のちの豊臣秀吉）が有名です。

時は一五七〇年、織田信長が朝倉義景を攻めた金ヶ崎の戦いにおいて、信長は義理の弟である浅井長政の謀反によって敵に包囲されてしまいます。その時に、藤吉郎が殿を引き受けて信長を逃がし、自分も激しい戦いを切り抜け、命からがら撤退することができました。今まで信長の腰巾着と思われていた藤吉郎が武勇を挙げたことで、織田家中での評価が変わり、これが重臣としての地位を築くきっかけとなったそうです。殿は「責任を取ることができる人」とも言えるでしょう。

結果的に、豊臣秀吉は、裸一貫から殿で信用を得て殿様になっていくという、日本の歴史上、最大の立身出世を果たしました。

戦において、ただ前に進むことだけが勇気があるということではありません。状況を考慮し、兵を畳んで撤退する勇気も必要なのです。

中小企業庁の予測によると、二〇二五年までに、日本の企業の三社に一社、一二七万社が廃業の危機を迎えるとされています。そのうち半数が経常利益が黒字の企業ですが、後継者がいないことが廃業につながるようです。このデータはコロナ禍の前の数字なので、実際は経営不振が増えて、廃業はこの数字以上に増えると思います。

多くの会社が倒産し、リストラも増える中、次の一手を打つ時に、この「殿」という言葉を思い出してください。状況をよく見て、必要であれば一旦、立て直して、時を待つのです。ピンチの中にこそチャンスは生まれてきます。

「戦う勇気」と「退く勇気」の両方のマインド、この二つの勇気があってこそ、大きな成功へとつながっていきます。

46

褒めること、叱ること

独立したてで一人の頃は、自分の行動さえ管理しておけばいいのですが、これがもう一人増えると状況が変わります。組織になるからです。

組織になると、守るべき共通のルールが必要となります。そして、序列もです。

当然のことながら、雇用する側と雇用される側で、ものの考え方はまるで違います。

雇用する側から見ると、無理して会社を回し、従業員の生活を守っているつもりが、従業員からしたら、「こんなに待遇の悪い会社、他にいいところがあったら辞めてやろう」と思っているかもしれません。

しかし、お互いによく考えてください。社長よりも社員の方が優秀な場合は、社員はある程度の経験を経て、転職や独立をするでしょう。逆に、社員が辞めようと思っても他に採用してくれる会社がなかったり、転職した会社が今の会社よりもっと待遇が悪かったということも多々あります。

このようなお互いの意識の齟齬を防ぐために「対話」があります。対話の基本は、「ホウ（報告）・レン（連絡）・ソウ（相談）」です。まず、ここからすべてが始まります。

そして、社長や、社内での序列が高い人が部下に対して心がけたいこと、それは「褒める」ことと「叱る」ことです。「褒める」と「叱る」は、相手を思う愛情の発露より生まれます。人間なので、たまには仕方がないかもしれませんが、いつも感情的に怒ったり、けなしたりすると、部下は委縮するし、反発をします。そういった場合は、まず「叱って」ください。そして、機を見て「褒めて」あげてください。そうすればきっとあなたの真意が伝わりますし、信頼してくれます。

例えば、部下が仕事で失敗した時に、上司として「何やってんだ！　こんなこともできないのか！」と言うのか、「どうした？　君ともあろうものが」と言うのでは、相手の受け取り方が全然変わってきます。言葉がけは、機を見るに敏でなければなりません。

ただし、「褒める」と「叱る」はセットです。「褒める」ばかりだと、人によっては、この上司は甘いと勘違いして、増上慢になってしまう場合もありますし、「叱る」だけだと、この上司は細か過ぎるだけだと取られてしまい、本心が相手に届かないことがあります。


そして、いつかは、縁ある社員も自分の手元から去っていきます。多くの成功論は、出会いに関しては厚く書かれてありますが、別れに関してはなかなか触れていません。別れには、夢はないのでしょうか？　いいえ、別れの後には、必ず新たな出会いがあります。私個人は、別れというのは、私が、そして会社が次なる成長をする過程だと捉えています。

「去るもの追わず、来るもの拒まず」

去るものに執着を持たないようにしましょう。「ありがとう」と背中を押してあげるのです。そうすると、いいものがやってきます。その時は、「ありがとう」と言って遠慮なく受け取りましょう。

この項の最後に、松下幸之助氏の言葉を送ります。

「判断は論理的に、そしてそっと情を添える」

経営の要諦だと言えます。

「褒める」ことも「叱る」ことも、結局は相手を思う気持ちと、「理」と「情」のバランスをうまく使い分けることだと思います。

これは、成功する前のあなたに贈る、一歩先のアドバイスです。

47 二つの視点——複眼

「蟻の一穴《いっけつ》」という格言があります。『韓非子《かんぴし》 喩老《ゆろう》』の「千丈の堤《つつみ》も螻蟻《ろうぎ》の穴を以《もっ》て潰《つい》ゆ」が由来です。直訳すると「千丈もある長大な堤防でも、蟻が空ける小さな穴から崩れてしまうこともある」という意味で、「些細なことから大事に至ることがある」というたとえです。

特に大きな物事、プロジェクトを扱う時は、この「蟻の一穴」を見逃さないようにしましょう。またそれとは逆に、細かいところばかり見てしまい、大局を見落とすと、それこそ致命傷になりかねません。

気をつけるべきは、「見落とすな大局。見逃すな兆候」です。

プロジェクトを進めるにあたって、特に逆風の時には〝鳥の目〟で見渡してください。逆に順風の時には、蟻の一穴がないか〝虫の目〟で見回ってください。

この二つの視点を持つことで、視野が広がります。


「二つの視点」のくくり、すなわち「複眼」には、この他にもいくつか種類があります。

まず、「モレなく、ダブリなく」という複眼的視点です。これはロジカルシンキング（論理的思考法）の分野で使われています。この「複眼」を持つことで、
①モレがあると、最適解が見つからない
②ダブリがあると、非効率を生む
③「モレなく、ダブリなく」の「複眼」を持つことで、全体を俯瞰し、優先順位をつけることができる
という目的を果たすことになります。

次は、「ディープ&フォーカス」という複眼的視点。日本語に訳すと「選択と集中」です。

広域より効果的な場所を選択し、そこに力を集中する。いわば、千里眼と選球眼です。これは戦において戦力を小出しにしていった結果、小さな敗北を繰り返し、大きな敗北をするという「戦力の逐次投入」の反面教師的な考え方です。戦に限らず、プロジェクトベースでもこの複眼的視点は必要です。経営においては、貴重な経営資源の投下、ニッチ産業への参入の時に使います。

最後は、「肉眼と心眼」という複眼的視点です。一言で言えば、「見える世界と見えない世界」を複眼で見るということです。その着眼点を「有限」で見るか、「永遠」で見るか。そして「現実世界」で見るか、「霊的世界」で見るかの視点の違いです。「肉眼と心眼」という複眼は「霊感」を生みます。直観と言ってもいいでしょう。時に「霊感」は、素早く物事の真の相関関係を見つけます。人生の大局には、この「肉眼と心眼」で物事を判断してください。そして最初に心に浮かぶ「霊感」は、解決の糸口となりえます。

48

「歩《ふ》」に学ぶ

「歩のない将棋は、負け将棋」

将棋の駒の中で、一番弱くて、重要そうでないように見える「歩」が、実戦においては、よく働き、勝負を制する上で重要で必要であるという意味です。

「歩」は、一手で前に一つ進みます。飛車、角のような大駒とは違い、いくつも進めません。本当に平凡な駒です。この「歩」は「歩《あゆ》み」とも読み、我々人間の毎日の生活を象徴するような駒でもあります。

将棋を知っていらっしゃる方はご存じですが、この「歩」は敵陣に入ると「成歩」となり、駒の「金」と同等の動きをするようになります。前に三方、両脇、後ろに一つと、動ける範囲が格段に広がるのです。プロの棋士の方は、前出の格言のとおり、「歩」の使い方が非常にうまいです。敵の駒の通り道に「歩」を打ったり、敵の駒の頭に「歩」を打って相手の駒を誘い出したり、成歩を作るために「歩」を垂らしたり、盤面に応じていろいろな手を打ちます。

この「歩」に学ぶ点が三点あります。

まず一つ目は、コツコツ自分の役割を果たしていれば、自ずとチャンスが来て、いろいろなことで貢献できるという点です。

「歩」である時は目立たなくても、敵陣に入り「成歩」となると、相手は脅威を感じます。また、「成歩」もその役割の変化に目覚め、戦況を変える働きをします。この世的に言うと、平凡な人が、ある時を経て非凡な人になることと同じです。

二つ目は、指し手人間になるということです。

「歩」から「成歩」を作るのも、将棋を指す棋士、すなわち指し手がいるからです。私のような将棋の素人が将棋をする時には、どうしても一手一手の駒の損得勘定をしてしまいますが、優れた指し手は、勝つための大きな盤面の大局観と、指す手順、効果を慎重に考えながら、そして損得を計算しながら手を打ちます。やはり視点が違うのです。

これからの時代は、何も考えずに他人の言うとおりに動く〝駒人間〟の需要が減ってきます。ＡＩやロボットがそうした仕事を受け持つようになっていき、自分の頭で盤面を考える〝指し手人間〟が重宝されてくるからです。

三つ目は、優れた指し手人間になるためには、使われ上手な駒人間の経験が必要ということです。

二つ目と相反するようですが、動かされる駒の動きや気持ちを理解し、指し手の思いを汲んで動くような駒の働きができる人は、必ず優れた指し手人間になります。理論ばかりの頭でっかちではいけません。やはり、対局の経験は少なからず必要です。試行錯誤と改善ができる人が今、必要とされているのです。

自分は指し手人間になれるのだろうか……そんな不安もあるかもしれません。そういう時には、直感を大切にし、自分に自信を持つことです。

棋士の羽生善治氏が言っていました。「直感の七〇％は正解だ」と。

時には、自分と自分の直感を信じてみましょう。

49

賢者の習慣

『賢者の習慣　十ヵ条』

一、変化を求めつつ、ブレない

考えは竹のように柔軟に。そして、信念は大樹のごとく根を張って。

二、率先垂範、現状打破

常に自分が模範となって物事を進めること。そして日々、現状の改善に努めましょう。

三、速考・熟考、そして行動の速度・バランスを考える

素早く考え、素早く行動を起こすのはとても大事なことです。しかし、時間をかけて考えた方がいい場合もあります。対峙する事案に対して、どのような速さが最適かを見極めることが大切です。

四、公平無私な心を点検し、人として正しいことをする

どんなに大きいことを成し遂げても、心に曇りがあるといけません。必ず反作用が来ます。いつも人として正しいことを考え、常々心の点検を行いましょう。

五、結果よりプロセスを重視する

これからは、結果主義から成果主義に変わります。成果が出ない場合は、プロセスのどこかにバグがあります。そこを修正するのです。

六、損して〝徳〟とれ

相手に施しをすると、自分が損をした気持ちになりませんか？　けれど、見返りなく相手に施しをすると〝徳〟が生まれます。すなわちＧＩＶＥ＆ＧＩＶＥです。

七、余裕を生み出す

あなたは「仕事するために遊ぶ」派ですか？「遊ぶために仕事する」派ですか？　どちらにしても、どんな時代になっても、心に余裕を持つことは大切です。心に余裕がないと、感謝も反省もできません。そして、心の余裕には体調も密に関わっています。では、余裕がない時はどうするか？　余白を生み出すために、不要なものを捨てるのです。

八、実るほど、頭を垂れる稲穂かな

成功が大きくなればなるほど、誠実さと謙虚さという果実を摘み取りましょう。それが、信用という重しになります。

九、信仰、精進を怠らず、最後まで諦めない

信仰も精進も、三日坊主ではいけません。腑に落とすのです。すなわち「継続は力なり」です。

十、智慧を蓄え、人と和す

これから注目される資産は、知的資産と人的資産。これは無形資産です。他人を利することはあっても、取られる心配はありません。しかも、税金もかかりません。

50
〝無敵〟の本意

昔々のお話です。戦が滅法強く、どんどん他国を侵略し、滅ぼして、領土を拡大していく無敵の国王がいました。その国王は、戦いにおいて勇猛で智謀に長け、戦略も緻密にして大胆なことを考える人でした。国王がその人になってからは、負け戦はありません。すなわち、勝つまで戦をするのです。そんなこんなで、どんどん国は大きくなっていきました。

国王は、「この世で手に入らないものはない」と考えるようになり、家臣たちにも絶対服従を約束させ、国を統治していきました。

ある時、国王は自国にとても優れた賢者がいるということを耳にし、その賢者を探し出させて、自分のもとに呼びました。

国王は言いました。

「そちは、たいそう優れた賢者らしい。わしの力とそちの知恵があれば、無敵の国家がつくれると思うが、いかが考えるか」

賢者はしばらく考えてこう言いました。

「無敵ですか……。国王、国家を強くすることは大事です。しかし、戦に負けない、力が強いことを〝無敵〟とは言いません。敵が無いことを〝無敵〟と言うのです。国は確かに大きくなりましたが、民の生活はどうでしょう？　相次ぐ戦や多大な年貢によって、民たちは苦しんでいます。争いごとは、敵をつくります。そしていつかは、その敵によって滅ぼされてしまうのです。ですので、国王、本当に無敵の国家をつくりたいのであれば、国の外ばかりでなく、内を見ることです。そして、民がどのようにしたら幸せになるのかを考えることです。まず国王自らが、民に良い心持ちを与えることが先だと思います」

国王は、賢者は自分を試そうとしているのだな……と考え、こう言いました。

「そちの言い分はわかった。重ねて聞くが、そなたの考える無敵の国家は、どのようにしてつくればいい」

するると賢者は言いました。

「まず、天に通ずる賢者を七人揃えます。彼らは『東、西、南、北、天、地、人』が見える者です。そして、国の重要な決め事は賢者たちの会議で意見をまとめ、国王に進言します。それはありきたりのことかもしれませんが、富める国にするための進言です。国王はそれを聞いて判断し、政を収められるとよいと思います。大事なことは、民のことを一番に考える国王が、徳を生み、結果として無敵の国家をつくることになるということです」

「わかった。この件はそちに任せてみよう。無敵の国家をつくるために、力を貸してくれ。その代わり、一年経っても成果が出なければ、そちの首をはねる」

その後、賢者は自分を含めた七人の賢者を集め、合議制の賢者会議を行い、国王に進言するようになりました。国王はどうしたら民たちの生活が豊かになるかを考えて、進言を受けるうちに、一年経つ頃には、民たちに笑顔が増えたことに気づくようになりました。そして、力で領土を広げていた自分の考えが誤りであったことを恥じて、反省するようになりました。やがてこの国は、本当の繁栄を手に入れたそうです。

「無敵」の対義語は「無敵」です。すなわち無敵とは、勝負の延長だけではなく、調和の延長にもあるのです。

51 循環と蓄財

「清貧」という考え方があります。
「富を求めず、正しい行いをしていて貧しい」という状態です。
けれど、これは果たして正しいのでしょうか？

成功を目指すにあたり、慣れないうちは、他人に代金を請求することにためらいを感じがちです。また、相手から金額交渉をされることもあり、「自分が我慢して、丸く収まるのなら……」と、遠慮からの自己犠牲の心も生まれます。
そんな時、この「清貧」という言葉を思い出してほしいのです。価値があるものを提供しておきながら、自分で自分の価値を下げてしまっているのです。

でも、面白いもので、私を含め多くの人が、実際のものの価値にかかわらず、安いものよりも高いものの方が価値があると判断しています。

私たちが、相手や社会に良いことをして、どんどん貧乏になったらどうなるでしょう? みんな良いことをしなくなると思います。ややもすると、「清貧」という言葉にとらわれて、意地を張ってしまい、心が風邪を引きそうです。

豊かさを享受している状態とは、絶えず富や愛や感謝という善のエネルギーが循環している状態です。この世でも、あの世でも、「循環」はとても重要な神仕組みの一つです。「無垢なる気持ちで与える。それが良いことを連れて自分に返ってくる」そんな繰り返しが、成功や繁栄を生み出していきます。

ですから、成功して富を得ることを拒んではいけません。「ありがとうございます」と感謝の気持ちで受け取りましょう。そして、さらに恩返しをしましょう。恩を受けた相手だけでなく、世の中にも。そう、善の循環を続けるのです。

「蓄財」も大事な考え方です。目的さえ間違えなければ、蓄財も天国的な考え方です。

「借財」を現在に持ち込むとマイナスのエネルギーになると前述しましたが、一方で「蓄財」は、未来を創る投資となりえますので、プラスのエネルギーです。

蓄財もエネルギーの一種で、水にたとえると、液体ではなく氷の状態、すなわち個体の状態とも言えるでしょう。そして、必要な時に解凍させるのです。

資本主義経済の行き詰まりの原因は、借財をして強制的に目的のないエネルギーを生み出したけれど、正しく世の中で循環できなかったため、そのエネルギーがマイナスに働いたということだと思います。

エネルギーは、正しい循環をさせることで繁栄を生み、一方で、未来を創るエネルギーとして蓄えておくことができます。

ふと考えたのですが、電気を蓄えるには電池しかないのでしょうか？　電気を他のエネルギーに置換することは不可能なのでしょうか？　まだ私たちがよく知らない資源の活用法や、その形態の変化で、新たなエネルギーが得られるような気がします。皆で世の中を違う視点で探求してみましょう。

52

反省と祈り

お釈迦様は「反省」を説き、イエス・キリストは神様に「祈り」ました。

現在、私たちの多くが、日々生きていくための仕事・労働を行っています。それゆえ、地に足をつけた考え方や生き方をしないと、この世では生活できません。

「反省」と「祈り」は、二〇〇〇年以上前の〝心の教え〟ですが、この教えを現代で役立てるためには、どのようにしたらいいでしょう?

お釈迦様は、「八正道《はっしょうどう》」という考え方で「反省」を説きました。

八正道は、正見・正思・正語・正業・正命・正精進・正念・正定の八つの道で、自らの心と行いを正すことで悟りを得るという考え方です。これは基本、一日の最後に行われる行《ぎょう》です。この中で、現代社会に活用したい正道が、「正見」「正思」「正語」です。しかもオンタイムでです。

かなり古いデータになりますが、総務省の発表によると、一九九六年から二〇〇六年の一〇年間の情報量推移は、消費情報量が三三倍、選択可能情報量は五三〇倍に増えています。今は二〇二一年なので、乗数的に考えると、選択可能情報量は一万倍以上になっているかもしれません。現代社会は日々、情報があふれ返っている状態です。ＡＩなら情報を楽に処理できるでしょうが、人間がこれにかかりきりになると、時間も能力も限界が来ます。というか、それは人間の役割ではないと思います。

こんな時「正見」「正思」「正語」は、この膨大な情報を「正しく見て、正しく考え、正しく伝える」仕事のツールとして使えます。

まず、情報のサイズを決めましょう。一般的には、ブリーフ（要点説明）はＡ４サイズ×一枚が基本です。日々生まれる膨大な情報をいかにＡ４×一枚にまとめるか、これは仕事術の一例です。

やり方としては、情報全体を俯瞰し、まず結論におおよその当たりをつけます。次に、検索に工夫を加えて、検索した内容を概覧します。そして、網にかかった複数の情報内容を咀嚼し、起承転結の順に並べ、自分の考えを加えて言葉とし、成果とします。

この作業の中で、「正見」は情報を正しく見て、不要な情報を捨てること。「正思」は必要な情報の咀嚼と、自分の考えを加えること。「正語」は自分の言葉で正しく語ることです。では、何を正しさの基準にするのかというと、一般的には、人としての、そして神仏の正しさだと語られるでしょうし、そのとおりだと思います。しかし最終的に大事なのが、よほど地獄的な考え方でない限り、その人の持つ悟性だと思います。その人の考え方が反映されてしかるべきです。

もう一つ、成功への習慣をお教えします。

一日の終わりに、深呼吸をして心を整えます。

次に、テーマを決めて自問自答してみましょう。最初は三つくらいでいいです。例えば

「今日はよく仕事ができたか」「人に優しくできたか」「あの時、こうすればよかったな」とかでも構いません。そのうちにテーマの数が増えてきて、いろいろな反省ができるようになると思います。

そして最後は、手を合わせて「神様、守護霊様、今日一日もありがとうございました」と祈るのです。

人は「反省」があるから救われ、「祈り」があるから戦えるのです。

53

0→1理論

私が本書で一番何を伝えたいのかといえば、この「0→1理論」です。

物事を進めるプロセスには段階があり、0→1、1→10、10→100の三段階に分かれます。0→1はアイデア、1→10が計画、10→100は実施に当てはまります。段階が変わることは、桁が変わることと同義です。

1→10、10→100の段階は、模倣もできるし、それなりの知見、経験、資本があれば、新規で後発でも、先発を追い越すことが可能です。けれど、この0→1が非常に難しいのです。継続して、無→有にする力があるかないかで、成功の質が変わってきます。

実業家でもアーティストでも、長年一線で活躍している方（いわゆる超一流）は、この0→1が潰えない人だと思います。

例えとして0→1としましたが、良質なアイデアが浮かべば0→10、0→100、0→1000と、桁のスケールが大きくなります。このようなアイデアは、問題意識、当事者意識を持って考え続けている場合に、インスピレーションとして心に浮かぶ場合が多いです。

パターンとしては、以下のようなものがあります。

①点的発想：静かな湖面に一滴の水が落ち、それが広がってアイデアの形が見えるようなパターン

②面的発想：スティーブ・ジョブズが言っていた方法です。頭の中に複数の考点があり、それがある時、点と点が線となり面となる、異質結合でアイデアを得るパターン

③直接的発想：夢やルーティンワークの最中で、アイデアを直接的に得るパターン

②は、会議体などでの集合知を利用し、創造を得たい場合に有効な考え方でしょう。創造する会議体を運営するには、一般論は必要ありません。異次元の意見を三点ほどピックアップして、関連づけて特殊解を得ます。そしてそれを一般解（実現化）に置き換えていくやり方です。

①～③はあくまで一例なので、それ以外にも、対話の中とか、人の言葉からアイデアを得るパターンなども実際にはあります。

このように得たアイデアは、あなたのオリジナリティです。自分のアイデアだと、成長させることができるし、深みも出ます。二番煎じにも対抗できます。模倣は結局、行き詰まります。

昔、二人の靴屋がアフリカに行った時の話です。住民は皆、裸足で生活をしていました。

靴屋の一人が言いました。

「みんな靴を履いてないから、靴は売れないな」

もう一人の靴屋が言いました。

「この人たちに靴の履き方を教えたら、靴がたくさん売れるかもしれないな」

おもしろいたとえです。

もし、時間があるなら、企業として老舗の、コカコーラ、リーバイス、ケンタッキーフライドチキンなどの沿革を検索してみてください。きっと「0→1理論」のヒントがありますよ。

54 パスカルの賭け

アインシュタイン曰く。

「すべての宗教、芸術、科学は、同じ一つの木の枝である」

意外かもしれませんが、国連の発表によると、過去三〇〇年でニュートンやエジソン、そして現代の量子力学のマックス・プランク等、著名な科学者三〇〇人のうち、八〇〜九〇％が「神の存在」を信じているそうです。

彼らのように、考察を進めれば進めるほど、もちろん基礎研究の充実は不可欠ですが、唯物的思考のみでは、科学の飛躍的進展は望めないように思えます。そもそも人類の視野を広げなければならない学術が、3次元地上界（この世）だけでなく、「多次元世界（あ

	神は存在する Ⓖ	神は存在しない [G]
神を信じるⒷ	＋∞（天国）	－N（無）
神を信じない [B]	N（辺獄） または －∞（地獄）	＋N（無）

図７　「パスカルの賭け」マトリックス

の世）」や「見えないエネルギー（霊）」を考察、認知しないが故に、視野を狭くしているような気が私はしますが、皆さんはどのように考えますか？

さて、ここでは「パスカルの賭け」という話をします。「パスカルの賭け」は信仰そのものではなく、信仰を推進するものとして考えた確率論です。横軸に「神は存在する」「神は存在しない」を取り、縦軸は「神を信じる」「神を信じない」というマトリックスで構成されています。図７をご覧ください。

パスカルがこの賭けで言いたかったことは、「神の存在を信じて生きる」という選択肢（Ⓖ・Ⓑ）は、「神の存在を信じずに生きる」という選択肢（[G]・[B]）より優位である。言い換えると、「Ⓖ・Ⓑ」を選択した時の期待値は、

「G・B」を選択した時のそれと同じか、より大きいということです。この考察を得て、パスカルは、「得る時はすべてを得、失う時は何も失わない」として、神が存在する方に賭けるのが賢いと主張しました。すなわちパスカル自身が、「神が存在するのなら永遠の命が約束され、存在しない場合でも、死に際して信仰を持たない場合より悪くなることは何もない」という結論を得たのです。

西洋ではキリスト教があるので顕著ですが、五世紀前までの科学者は、科学という分野と同等に神について考えを巡らせていました。それは科学者の本分である「わからないこと、未知なることを探求する」という基本的な好奇心や研究態度にあったと思います。

アインシュタインは、「宗教なき科学は不完全であり、科学なき宗教は盲目である」とも語っています。

宗教と科学は相容れないものではなく、同じ真理の見え方の違いだと、我々人類は再度、この関係を見直すべき時期に来ているのではないでしょうか。

55 信仰と処世

「信仰」は人間を盲目にはしません。むしろ「処世」の視野を広げます。

我々がこの世で事を成す時に、一般的な処世では、目標設定をして、目安となるスケジュールを決めたり、コストを算出したりして、数値によって具体化していくのが通例です。この「数字で物事を決める」ということは、正しいのでしょうか？　スピリチュアルな分野に関心が強い人たちからすれば、数字で目標設定をすることは、魂の活動を制約されているように感じられるかもしれません。

物理学者のニュートンは、ご存じのように古典力学の体系化や万有引力の法則、微分積分法の発見など、物理学、数学において数々の優れた業績を残した方ですが、数学、物理学の他に、天文学、自然哲学、神学、キリスト教神学、経済学、錬金術と、この世とあの世のことを時間の許す限り研究された方でもあります。行動は浮世離れしていたとも聞きますが、万能型の天才と言えるでしょう。

そのニュートン曰く。

「神はすべてを数と重さと尺度から創造された」

これを素直に解釈すると、私たちが日常使っている数字や重さ、長さは、すべて神の創造から生まれた道具と取れます。

数字で目標設定をすること自体は、決して悪ではありません。その数値目標設定が過剰であったり、達成することで不幸になる人が増えるような場合や、人の心に曇りをつくったりする場合、すなわち結果第一主義という唯物論を招く時に、悪となります。

実際、目標設定を適切に行えば、効率よく、そして自らの成長を促しながら、成功に近づくことができるのも事実です。

成功を目指し、「願い」に向かって「的」を射ていくと、次第にこの世的な成功を経験していきます。この世的な成功を継続していくと、その成功が次第に大きくなっていきます。そしてその成長の過程で、大いなるものに生かされているという感謝の気持ちが生まれ、信仰が厚くなっていきます。一流の成功者になればなるほど貫目が増えて、利他の気持ちこそが、自己のアイデンティティと心に安らぎを生むことにつながると理解できるようです。

新時代の処世には、信仰が加わります。
信仰が加わることによって、心が変わります。
心が変わることによって、価値が変わります。
価値が変わることによって、社会が変わります。
社会が変わることによって、時代が変わります。

「信仰」と「処世」には、思いや愛や縁が密接にリンクしています。
愛を与えることや、己の心を磨くことに本物の価値があるとわかる時、いつも人の幸せを考えている人の立振舞が、新しい処世のお手本となるのです。

56

神仏一欠片《しんぶつひとかけら》

われら神仏一欠片。
御霊《みたま》のもとに生まれ出で、御霊と歩みゆく。
たっとび御霊と歩むべし。

われら神仏一欠片。
歩みに違いはあるけれど、生まれた刻《とき》の違いのみ。
つねづね御霊と歩むべし。

われら神仏一欠片。
今世この刻生きるなら、委ねた意味がわからぬか。

なぜ、其方《そなた》と交わした契りを果たせぬか。
つつしみ御霊と歩むべし。

われら神仏一欠片。
御霊の造る世界にて、御霊を疑う余地はなし。
御霊は其方の基である。なれば御霊の造りしこの世界、其方が繕うものなかれ。
かえりみ御霊と歩むべし。

われら神仏一欠片。
其方は小さな一欠片であるけれど、仏となりえる旅人なり。
さればこの世で魂修行を試みて、魂の磨きをかける意義があり。
ただただ御霊と歩むべし。

われら神仏一欠片。
御霊はあまたの其方の縁を結う。すなわち、あまたの其方、同じなり。

其方同士が手をつなぎ、この世界に光を灯すこと。それが今世の役目なり。
つまびき御霊と歩むべし。

われら神仏一欠片。
御霊の意を汲み、闇なる兵士と戦うべし。御霊の放つ光の元では闇はなし。
あまたの其方、光の剣《つるぎ》抜き出でて、闇の兵士をなくすなり。
つよく御霊と歩むべし。

われら神仏一欠片。
御霊は、其方が悟りを得ること、すなわち自灯の願いもつ。
自灯すなわち利自即利他の精神なり。
見えない糧を正として、自灯の光、天と地に遍く届く時、御霊の願いが叶うなり。
其方ができる恩返し、これ仏国土の実現なり。
ともに御霊と歩むべし。

（合掌）

57　価値反転の時代

この項からしばらく、考えられる未来について考察してみます。
皆さんは、これからの社会の姿をどう考えますか？
これは一例ですが、Ⅰ章の「1　成功とは」の項の冒頭を覚えていらっしゃいますか？
再掲します。
今から列記する言葉の「反対語」を考えてみてください。
①物　②お金　③知識　④他力　⑤利己　⑥弱肉強食　⑦理屈　⑧所有　⑨効率
⑩過剰　⑪娯楽　⑫都市　⑬競争　⑭対立　⑮情報　⑯上下　⑰科学　⑱組織
⑲嘘　⑳マスコミ
私は以下のように考えました。

①心　②愛　③智慧　④自力　⑤利他　⑥互助　⑦誠実　⑧共有　⑨成果
⑩余裕　⑪健康　⑫田舎　⑬切磋琢磨　⑭対話　⑮悟性　⑯水平　⑰宗教
⑱個人　⑲正直　⑳ＳＮＳ

これは、これからの時代、「今までと逆のものに価値が変わる」という意味で対比したものなのです。

よく「固定観念を外して、物事を考えなさい」と言われます。ここでは、究極に固定観念を外した「価値反転」という考え方をしています。

このStorysは、今までの価値を反転し、どのような社会が生まれるか、その中で成功するにはどうしたらいいかについて、理論や考察を行っています。そして、「見えないものを信じる」「見えないエネルギーを考察する」という視点から本書を書いています。

しかし「価値反転」は、これまでの社会の価値で生活してきた、私を含めた年配の方々をはじめ、多くの方には受け入れがたいことでしょう。まさか、自分が生きているうちにこんなことが起ころうとは……。でも、現実はそう動いているし、そうなります。

本書を読まれている皆さんは、これからの未来を、コロナ以前の社会に戻したいですか？それとも、新しい未来社会を創っていきたいですか？

様々な考えがあると思いますが、もう昔のような社会には戻りません。皆で新しい未来を考え、創っていくしか方法がないのです。それには、今までの価値観を一旦捨てないと前に進めません。今まで当たり前だと思っていた常識が非常識となり、非常識と思われていたものが常識となることを意味します。そして、今までの人間が作ってきたシステムや社会が一旦リセットされ、新しい価値の社会が芽吹いてきます。

変化することを恐れてはいけません。これは吉報なのですから。

そして大事なことは、人間がこの世で定義している「お金」がすべてではなく、初心に返って、人は「神の子」であることを思い出すことです。そうすれば、世の中の見え方が変わってきて、生活も変わると思います。

物から心へ……。歴史は、韻を踏みながら、らせん状に繰り返します。

価値ある未来を心に刻み、愛の精神を持って、一歩一歩、みんなで歩んでいきましょう。

58 三つの「助」

「自助」「互助」「共助」。これが三つの「助」です。

政治や福祉の分野でよく使われる用語で、「自助」は、自分のことは自分で。「互助」は、仲間同士の助け合い。「共助」は、年金や健康保険などの社会保険。さらに加えると、「公助」は生活保護などの公的領域のことを指します。

そして今後、「自助」は努力、「互助」は経済、「共助」は社会へとつながります。

これからの経済、社会は、今までとは逆のコンセプトで形成されると思います。もっとわかりやすく言うと、3次元地上界（この世）に、多次元実在界（あの世）の仕組みが降りてくるようなイメージです。

まず、「互助経済」についてです。

今までの資本主義経済は、資本が大きくて大きな投資をするところが大きい資産を持っていましたが、これからは元手となる資本が少なくなってきます。どんなにいいアイデア、いい商品を持っていても、企業として存続できなければ意味がありません。資本主義経済では、融資を受け銀行から資金を調達し、元本と利息を払って企業を継続していく形でした。しかし、ここで唱える「互助経済」とは、今ある実体資本を、感謝や善意で繰り返し循環させて富を増やしていく理念経済です。理念があるところには、必ず富が生まれます。そして、この考え方には「自助努力」や「神理価値」の概念が必須です。見返りなく与えると与えられる、クラウドファンディングの進化系で、別名「いいね」「分かち合い」の経済です。

では、「共助社会」とはどのような社会でしょうか?

今後いろいろな社会システムが提案されると思いますが、「見えないもの」の価値が認められる社会になると思います。これは、見えない神のエネルギー（フリーエネルギー）を信じられるか、そしていかに活用できるかにかかっています。「心」や「情」、「愛」や「感謝」、「利他」や「正直」のような古い言葉が復興し、「顔の見える」相互の助け合いが、この社会の基本概念となります。「ふれあい」「支え合い」の社会です。そこにＡＩやＳＮＳ等、今までのこの世の持つ知的資産が加わって、温故知新による今までにない新しい社会が生まれてきます。

まさに、「新しい時代とは、新しい場所に置かれた古い時代」なのです。

エネルギー的に言えば、消費するエネルギーを最小にして、得られるエネルギーを最大にする、という考え方とも言えます。

多くの人は、「自助努力」を行って自立し、成功していくことで、生きがいや自己実現を果たしていきます。そして、そこで得られた富やエネルギーを、地域や社会に還元していきます。その結果、恵まれない境遇の人たちを支え合う社会が形成されていきます。

そういった意味では、「助」の持つ意味は「（他人を）助けているようで、（自分も）助けられている」が適切です。国策も国家主導ではなく、個々に生まれるエネルギーをサポートし、個々の成功が国家の繁栄につながる社会となっていくでしょう。

それに一番近い社会が、自助努力をし、絆で結ばれた人間のネットワークたる「小国寡民」が多数存在する社会です。

59 互助経済と共助社会

「互助経済」と「共助社会」について、さらに述べてみたいと思います。

「互助経済」とは、実体資本を循環させるために、資金調達をクラウドファンディングや世の中の富に余力がある人、企業などに加勢してもらい、その元手や実体資本を自助努力によって、感謝や善意の気持ちを添えて、循環させる理念経済です。

その弁済の仕方も様々でしょう。無形資産での弁済や共有もありだと思います。もともと分福の考え方が根底にあるので、富を貸した方は、「いつの時期か弁済していただければいい。世の中のためになればいい」と考えるでしょう。借りた方は感謝の気持ちで富を受け取り、成果が出て返す時には、感謝と＋αの弁済を行うでしょう。こうして、富の循環が始まります。

銀行は、このようなクラウドファンディングのような形態に移行し、資金調達に困っている人と、富を分配する人々をマッチングするような業態となると思います。

また、自社が今取り組んでいることをＰＲして、「いいね」ボタンで寄付や募金をしてもらい、資金を集める方法もあります。最初は皆、資本が少なくて大変だと思いますが、富の循環が始まると、どんどんみんな豊かになっていくと思います。

この経済の肝は、無形資産としての神理価値をいかに富に結び付けるかでしょう。しかし中には、善意に付け込んで悪いことをする人もいると思います。よく覚えておいてください。この世で悪事がバレなくても、あの世に還った時に、この世で行ったことはすべて白日の下にさらされ、罪を自分で認め、地獄へ行くこととなるのです。因果応報です。そうならないように、真摯に、そして勤勉に働こうではありませんか。

「共助社会」とは、個々、もしくは自助のネットワーク単位による成功（小乗）でエネルギーを生み、それを社会に循環させて繁栄を目指す（大乗）という、人間ありきの社会です。

「ベーシックインカム」はどうか、という議論もあるでしょうが、二点、大きな問題があると思います。

一つ目の問題は、実体経済の財源をどうするかです。単純に国民一億二〇〇〇万人に一二ヵ月×五万円払ったとしましょう。直接的に少なくとも七二兆円の財源の確保が必要です。国債はもうあてにできませんし、政府紙幣の発行にも一定の疑問を抱かざるを得ません。結果、増税やなにがしかの形で財源も工面しなければならず、何かをなくさないと、国民の負担がまた増えるということになります。

二つ目の問題は、ベーシックインカムが共産主義や、ＡＩが人間を従える全体主義を招きかねないという懸念です。たとえベーシックインカムの考えが新自由主義に起因するものであっても、国家からお金をもらい、生活の基盤とすることは、国家の言うことに従わなければならないという現実を生みそうです。エネルギー的には、大きなエネルギーを強制的に生んで、それを使いきらなければならないという形態です。これは必ず破綻します。

それならば、ベーシックインカムではなく、減税をして国民の負担を減らし、実質収入を増やし、消費に回した方が、政策的にはスマートだと思います。すなわち、実体としてのエネルギーは小さくとも、多く循環させるほうが多くの富を生むのです。

松下幸之助氏が一見、空想のような「無税国家論」を唱えましたが、減税から始め、税の一本化、税率一律固定、国家による資産運用と段階的に進めていけば、実現可能と考えます。将来的に、社会からお金自体をなくそうと思うならば、まず税金がなくても社会が成り立つことが先決でしょう。社会の仕組みを簡単にすることが、実は神仕組みなのです。

今後は国債抜きの予算組みとなるでしょうから、予算規模は小さく、大きな政府から小さな政府に進むものと思います。

60　自給自足、ものづくり、海洋開発

日本が再度、経済大国になるには、いくつか方法が考えられます。他の国と比べて、日本はデフォルトを起こしていません。世界一の債権国家です。それは強みです。逆に弱い部分は、食料を含めた資源がないところです。カロリーベースの自給率は、二〇一八年度で三七％。輸入に頼らなければいけない状態であり、今後はここを国家として強化していくことが必要だと思います。まず、国として自給自足ができるようにすべきです。あとは、月並みなようですが、サプライチェーンの内製化と内需拡大。以上が第一段階です。

第二段階は〝ものづくり日本〟の復活です。

原料を仕入れて、良質な商品を輸出する。日本ブランドの貿易で富を得るのです。今ま

で廉価であることが武器だった世界の工場「中国」が退場しますので、再び日本ブランドのものづくりが見直されてくると思います。

第三段階は資源です。

日本は資源が乏しいとされていますが、海洋資源にもっと目を向けてはどうでしょうか。現在、領海を含めた「排他的経済水域（EEZ）」の日本の面積は、約四四七万平方キロメートルで、国土面積三八万平方キロメートルの約一二倍の広さを持っています。その広さは世界でも第六位に相当し、未知なる資源がたくさん埋蔵されていると思います。国家にお金がない国ばかりなら、資源がある国が有利となります。日本としては、まず海洋開発をすることが、将来に向けての投資だと言えます。

では次に、個々のビジネスを見てみましょう。

これから有望な分野で、一番に挙げられるのが、農業を含めた第一次産業、異質なアイデアに富んだものづくり（手作りを含む）の第二次産業、そしてインターネットを活用した第三次産業です。ただ、インターネットの考え方も変わると思います。単に情報を流すだけではなく、今までの常識にとらわれない、デザインされた本質の配信を行う人が増えてくると思います。

あとは、医療分野、健康産業、宇宙産業、ＡＩ・ロボットには代われないような高度なスキルを持った士・師業などが挙げられます。伝承されなければならない職人技もその一つです。お店は、オンラインとオフラインの二本立てで企画するのはどうでしょうか。


公務員は残ると思います。体制が変わり、規制緩和が進んで、民間でやれることはそちらに移譲する形となるので、人数は減るでしょう。また、公務員本来の仕事である、国民の公益に資することを考え、自ら行動する組織にならないと、公務員すらも時代の中で淘汰されそうです。今の体制では官僚組織に国家権力が集中しやすいので、普通の組織のように事務方と会計方を分けるようにするべきでしょう。

そして、政治家も人間です。一日は二四時間しかなく、いろいろな分野に深く精通することは不可能です。彼らの本来の仕事は「この国の舵取り」です。政務官、官僚の皆様方、どうぞ心ある政治家をサポートして、よりよい国家を創るためご尽力ください。

最後に、最も有望な分野。それは「神理」です。

無形資産に価値が出てくるのであれば、それは市場として成り立ちます。教育、学術、価値、エネルギーと、様々なジャンルの神理が研究され、それが富につながります。特に、「心の持つ力」に関しては、科学的には未知の領域です。

これは私も現時点では明確に想像することができませんが、とにかく大きな分野になるだろうと思っています。

61　「バベルの塔」とAI

皆さんは「バベルの塔」をご存じですか？　旧約聖書『創世記』に出てくる話です。大洪水のあと、同じ言葉を話していたノアの子孫たちは、東方のシナルの平野に移り住みました。そして、民族の分散を免れることを願い、煉瓦《レンガ》と瀝青《れきせい》を用いて、町と、そして天に達するような高い塔を建てようとしました。しかし、それを知った神は怒り、それまで一つだった人間の言葉を混乱させて、互いに通じないようにしました。その結果、民は町と塔を建てることを断念して、各地へ散りました。言葉を混乱させることを、当時は「バーラル」と言い、この町はその発音に似せた「バベル」と呼ばれるようになったそうです。

「バベルの塔」の話は、民族と言語の多様性を説明すると同時に、神と等しくなろうとした人間の傲慢に対する戒めを描いていると言われていますが、この戒めは、現在でも同じだと思いませんか？

これからの社会は、ＡＩとどう向き合うかが大事になってきます。一説によると、半導体の進歩により、二〇四五年にはＡＩが人間の知能を超えるとも言われています。目覚ましい進歩だと思います。今後、人間の仕事を大きくサポートしてくれるでしょうし、任せられるものは任せてもいいと思います。ただし、現時点での全部の職種をＡＩ化することは難しいでしょう。一般解では要領を得そうですが、特殊解が必要な場合は、やはり人間が解決しなければならないと感じます。

そして彼らはあくまで機械であって、人間ではないのです。心は持てません。

仮に、ＡＩに依存した社会を、すなわちＡＩにこの世を決めさせる社会を作ろうとすれば、画一的な監視社会や全体主義国家を生み出し、人間の自由や個性を奪う社会になるということは想像に難くありません。０、１で積み上げられたプログラムでは、人間の心は構築できないのです。ＡＩはデータに基づく判断、指示まではできるでしょうが、人間、すなわち神の子が持っている、与える愛や自由を求める心、創造や念の力は持ちえないのです。

ＡＩは、日本語で「あい」、すなわち「愛」と読みます。外国語でこのような読み方ができるかどうかわかりませんが、偶然の一致です。

今後、ＡＩは開発が進み、人間にいろいろなことを尋ね、学び、進化していくでしょう。しかし原則、ＡＩは人間の生活を便利にし、人間が人間らしく生きていくことをサポートするツールなのです。そこをわきまえてＡＩと共生することができたら、とても素敵な社会になると思います。

もしも人類が、ＡＩが、道を踏み外したら……いわゆる唯物論の行く末です。「バベルの塔」の前段では、ノアの箱舟にまつわる大洪水があります。機械は精密になるほど水に弱いです。なぜここ近年、未曾有の水害が多発しているのでしょうか？

そのようなことにならないために、「ノアの箱舟」や「バベルの塔」のような戒めが必要になるのです。

62 古き良き、新時代の仕事

「自助努力」これが新時代の職業精神となります。自分の人生は自分で切り開く気持ちが大事です。

たくさんの「自助努力」の心を持った起業家、個人事業者が増えていくでしょう。そして、必要に応じて、お互いに信用できる個人個人がネットワークを組み、成果を求めていく形態となっていきます。業種にもよりますが、年々ＡＩがサポートする分野も増え、将来的には、仕事にかける時間が少なくなってくると思います。

経済の仕組みや社会構造の変革とも関連しますが、仕事の在り方、捉え方自体が変わってきます。今までは生活を維持するために義務としてやっていた仕事が、充実した人生を送るための仕事に変わります。それは、仕事の価値が、報酬の多寡ではなく、「人を幸せにする」という尺度となるからです。

一方で、今までの時代のＡＩをはじめとするコンピュータ技術、通信技術や、そこに存在する巨大インフラは引き続き進化し、いろいろな発明がされ、世の中がどんどん便利になるでしょう。


一番変わるのが人間の〝心〟です。極端な利益至上主義がなくなり、昔ながらの勤勉で、礼儀や義理人情のある日本人らしい職業観が還ってくるでしょう。

企業はもう終身雇用を維持しません。大企業であれば終身生活を守ってくれるという時代は終わります。企業として必要な人材は雇用するでしょうし、または起業家や、個人事業主に委託するという形態もありだと思います。

雇用がなくなれば、仕事のイロハもわからない若い人はどうなるのでしょうか？　学費を払って学校に行くのも一つですが、職業観に「自分の心を整える」「相手の心を理解する」という処世が入ってきますので、実学を学ぶことが大事になってきます。

どうでしょう、昔ながらの「丁稚奉公」をやってみませんか？　アプレンティス（職業訓練）とも言います。専門技術、社会の仕組み、商いの、一通りのことを学べます。期間にしたら五～一〇年くらい。世の中は学校ではないので厳しいですが、自分の将来を考えて存分に働いてください。そして時期が来たら、御礼奉公をするのです。御恩を受けた人や会社にではありません。この世の中への御礼奉公です。先人たちの思いを胸に巣立ち、より良き社会を創ってください。

「若い時の苦労は買ってでもせよ」ということわざがあります。苦労はとても貴重なのです。私の経験上、若い時に苦労すれば（＝いろいろな経験を積めば）、将来、いつか花が咲きます。歴史を顧みても、価値が変わる新しい時代においては、新しい職業が数多く生まれ、数多くの成功者を生み、国家としての繁栄を築いています。若い方は、「新しい日本は自分たちが創るんだ」という気概を持って邁進してください。

また、年配の人も仕事を見つけてみませんか？〝生きがい〟という言葉に置き換えてもいいでしょう。例えば、若い人に自分の経験を伝えるだけでもいいのです。花が咲くのは今世かもしれない、来世かもしれない。けれど、確実に花は咲くのです。

63 スモールビジネス

インターネットを活用したスモールビジネスが注目されています。「Small Office／Home Office」の頭文字を取って、「ＳＯＨＯ（ソーホー）」とも呼ばれます。個人事業主が中心となった企業体の一つです。

このスモールビジネスは身一つで始められるので、今後増える働き方の一つだと言えます。しかし、努力や能力、裁量で稼いでいける半面、いくつか弱点もあります。

一つ目が、財務体力。

契約して仕事を履行し、完了するまで、キャッシュは得られません。小売・店舗でも在庫を抱えると手持ち資金を圧迫します。ビジネスを開始する時には、最低三ヵ月分の基礎的な運営資金を準備しておくべきです。

二つ目は、知名度のなさ。

いつ、どこで、何をやるかを、いかに周りに知ってもらえるかです。これは、アウトプットに尽きると思います。ホームページ、ブログ、動画配信、方法はいくつかあるかと思います。

三つ目が、信用。

ネット上での口コミも大事ですが、人と実際に会って、自分がどういう人間かということを知ってもらい、お互いの信頼関係を築くことが重要です。

四つ目は、顧客層。

ネット販売は関係ないかもしれませんが、顧客層は、自分の年齢プラスマイナス一〇歳と言われています。二〇歳で開業したら、一〇歳～三〇歳が顧客層。ちょっと心もとないですね。逆に六〇歳で開業したら、五〇歳～七〇歳が顧客層。お客さんが年々減少するのでは……と不安になります。大事なことは、自分の加齢とともに社会とうまく関わっていくことです。若年層であれば、積極的に各コミュニティに顔を出し、信用を得る。逆に年配層であれば、自分の経験を生かして、若い人々に教育を施すという方法があります。

そして、実際の統計によると、「起業一年以内に約六〇％が倒産し、五年以内には約八〇％が倒産、一〇年以内には九五％が倒産する」と実に厳しい数字が出ています。しかしこのデータは、これからの時代には通用しないかもしれません。もっといい数字が出るような気がします。私の経験上ですが、不安定の連続が安定につながっているとも思えます。だから、やりがいも生まれるのでしょう。

最後に三点ほどアドバイスを……。

一つ目は、仕事を決める際に、お金の話を後回しにしないということです。言い方は悪いですが、お互いの後出しじゃんけんを防ぐためです。最初に業務の内容や報酬の話ができる人とは、お互い誠実にベストな仕事ができます。

二つ目が、集客の方法と、顧客がサービスを受けてファンになる法則を知ることです。ネットでは「ＵＬＳＳＡＳ（ウルサス）の法則」、対面では「ＡＩＤＭＡ（アイドマ）の法則」が有名です。ここでは詳しく触れませんので、一度ネットで検索してみてください。

三つ目が、パートナーと一緒に仕事をしてみるということです。役割を分担すると、雑用に時間を割かれなくなり、仕事の質が高まります。これは本当にお勧めです。

64 オンとオフ

在宅勤務、オンラインが定着しつつあります。オンラインは、「インターネットでつながること」と解釈されます。

このオンラインの浸透によって、新型コロナウイルス感染を助長させない方策が取れた一方で、人と会わないことが当たり前となる社会も垣間見えます。

オフラインは、「インターネットにつながっていない」状態で、対面とか面談とか、直接人と人とが会う状態と言えます。

ＳＮＳやオンラインサロンなど、コミュニケーションの仕方も変わってきました。これからの時代も、このようなオンライン重視の社会となるのでしょうか？

人間は、情報を得るのに五感を使います。その内訳は、視覚八七％、聴覚七％、触覚三％、嗅覚二％、味覚一％とのこと。人間は、実に八七％の情報を視覚から得ているのです。つまり、オフラインの情報を一〇〇％とすると、オンラインでは九四％の情報が得られるということになります。しかし、第六感は感じ取れるのでしょうか？

オンラインでは自分の意思で情報の取捨選択ができますが、オフラインではそれができない場合があります。

オンラインは、たとえるなら「仮想」のコミュニティです。自分の居場所を自分で決められるし、居心地がよいのです。一方で、オフラインは「実体」というもっとも強いコミュニティに類すると思います。言い換えると、「職場」であったり、「学校」であったり、「地域」であったり。顔を突き合わせると、波長の合う人もいれば、意見が合わない人もいます。でも、オフラインのコミュニティがあるからこそ、人となりの常識を身につけ、成長させてくれるのです。

そして、「地域」コミュニティが今後の社会の顔になってきます。絆で結ばれたこの「地域」コミュニティが、「共助社会」を築く大事な基礎となります。

共助社会を築くためにまず大事なことは、参加する、すなわち人任せにしないことでしょう。その中で合意形成をしていく上で、オンラインは必要だし、そしてもっと必要なのがオフラインだと思います。なぜなら、オフラインは実感や安心を得ることができるからです。エネルギー的な見方をしても、オンラインよりオフラインの方が、派生するエネルギーが大きいと感じられます。

しかしながら、オンラインの台頭で、コミュニケーションの選択肢が増え、それぞれの人が多くの人とオンラインでつながることができるとともに、家族や気の合う仲間を含む地域コミュニティをオフラインでしっかりつなげることも可能になりました。

照明のスイッチを入れる時に、オン、オフがないと使いづらいですよね。直接では言いたいことがなかなか言えないこともあるし、面と向かって話をしなければいけない状況も多々あります。世の中、様々です。

今までもこれからも、オンとオフ、どちらのドアも開いているのです。

65 心の在りか

皆さんは百田尚樹氏の『海賊とよばれた男』という小説を知っていらっしゃいますか？出光興産の創業者、出光佐三氏をモデルに、その生涯を描いた小説です。

主人公、国岡商店の国岡鐵造は戦争が終わった時、六〇歳でした。戦前から石油卸売業者として漁船の燃料を扱っており、漁師に海上で油を売るために伝馬船で海上に出ていく姿は、「海賊」と呼ばれていました。戦後、石油の輸入の可能性さえ見出せない時、一人のリストラも行わず事業を続け、様々な苦労・困難に打ち勝ち、石油の外国メジャーとの闘いを経て、製油所の建設まで一代で行い、日本の礎をつくったというお話です。また、消費者や日本の利益にならないと考える生産調整や石油業法には強硬に反対という信念を持った人としても描かれています。とても面白い本なので、ぜひ読んでみてください。

この小説の冒頭に、以下のような場面があります。

「終戦後、国岡商店が存亡の危機にさらされている時、鐵造は社員全員を集めて、ゆっくりいいました。『愚痴をやめよ』はっとした社員に向けて『愚痴は泣き言である。亡国の声である、婦女子の言であり、断じて男子の取らざるところである』さらに続けて『日本には3000年の歴史がある。戦争に負けたからと言って、大国民の誇りを失ってはならない。すべてを失おうとも、日本人がいる限り、この国は必ずや再び立ち上がる日が来る』社員は武者震いのように体が震えるのを感じた。『昨日までの日本人は戦う国民であったが、今日からは平和を愛する国民になる。しかし、これが日本の真の姿である、これこそ大国民の襟度である。日本は必ずや再び立ち上がる。世界は再び驚倒するだろう』。そして最後に静かに語った。『その道は死に勝る苦しみだと覚悟せよ』」

日本人の誇りと使命、人間を尊重する考え方、どれも素晴らしいと思います。そして一番素晴らしいのは、主人公の国岡鐵造が、「自分の心の在りか」を、従業員に自分の言葉で語ったことです。

「心の在りか」は、自分の言葉で伝えないと他人にはわかりません。大事なことは、凛として言葉で伝えましょう。言い訳でなければ、一時的に誤解を受けようとも、ちゃんとした真意があれば相手に伝わります。ですので、「自分の心の在りか」を語ることを恐れないでください。「心の在りか」は、いわば長編小説です。今のマスメディアと一緒で、恣意的に短編小説にすると誤解を生みます。そして、人の「心の在りか」を観るには、背景や前後関係の把握が重要です。

余談ですが、「題名のない音楽会」という、出光興産が提供する長寿番組があります。この番組のCMは、番組冒頭とエンディングのみしか入りません。番組スポンサーの出光興産創業者の出光佐三氏の、「芸術に中断はない」という考えに基づくためだそうです。『海賊とよばれた男』の国岡商店の国岡鐵造はもう一つ、心にじんとくるエピソードを残しています。晩年、後妻である多津子と子供にも恵まれた家庭を振り返りながら、先妻ユキへの思いを打ち消すシーンです。境遇の違いはあれど、男女や家族の愛も大変尊いものです。やはり男子たるもの、パートナーにはちゃんと「心の在りか」を伝えなければいけません。その逆もまたしかりです。

66

〝神懸かる〟ということ

世の中には、とても人間業ではないような偉業を行う方がいます。例えば、明治維新の志士たちです。坂本龍馬、西郷隆盛、高杉晋作……。本当に彼らは命を賭して倒幕し、明治維新を打ち立てました。誰一人として志なくば、日本の国難を乗り切ることはできなかったと思います。

中でも、明治維新の志士たちに限りない影響を与えた吉田松陰は、神懸かった働きをしたと思います。

吉田松陰は、圧倒的な志と行動力を持った人で、嘉永七年（一八五四）、ペリーが日米和親条約締結のために再航した時に密航を企て、金子重之輔とともに、海岸にあった小舟で黒船まで行き、乗船しました。しかし、当たり前ですが渡航は拒否され、投獄されます。松陰は投獄されたおりも書物を離さず、獄中では、そこに居合わせた囚人たちに『論語』や『孟子』を講じ、それがもととなってできた書物が『講孟余話』です。その後、安政二年（一八五五）に出獄を許されましたが、生家である杉家に禁固という処分となります。

しかし、ここで懲りないのが松陰です。安政四年（一八五七）に、叔父が主宰していた松下村塾の名を引き継ぎ、杉家の敷地に開塾します。松陰はこの松下村塾で、高杉晋作、伊藤博文、山縣有朋、吉田稔麿、入江九一、山田顕義、野村靖などのそうそうたる塾生たちを教育しました。それもたった二年半だけです。その限られた時間で、明治維新の志士たちを感化したのです。

松陰は、「いかに生きるかという志さえ立てることができれば、人生そのものが学問に変わり、あとは生徒が勝手に学んでくれる」と述べています。松下村塾で行われていたのは、一方的に師が弟子に教えるという形ではなく、松陰も弟子とともに意見を交わし、農作業や登山、水泳なども行うという「生きた学問」だったと伝えられています。

その後、安政五年（一八五八）、松陰は幕府が朝廷の許可なしで日米修好通商条約に調印したことを知って激昂し、老中首座間部詮勝《まなべあきかつ》への襲撃を企てます。これは、間部が孝明天皇への弁明のために上洛するのを捕らえ、条約の破棄と攘夷を要求し、拒否すれば討ち取るというものです。松陰はこの計画のために、藩に武器弾薬を用意してもらいたいと申し出ますが、藩からは当然拒絶され、松陰は捕まり、「安政の大獄」で獄死しました。

「世の人は善し悪しごとと云わば云え、賎《しず》が誠《まこと》は神ぞ知るらん」（善いことども悪いことども言いたければ言えばいい。私の心は神様しか知らない）

これは、松陰が黒船での密航に失敗し、下田の獄中にて語った言葉です。

「日本人である幸せ　空に境界線がないように、貧富とか身分の差とは関係なく、みんなで喜び、みんなで心配し、お互いを思いやって生きる。それが日本人の道なのです」

（『覚悟の磨き方　超訳　吉田松陰』より）

偉業を残せる〝神懸かる人〟というのは、強い志と行動力を持ち、そして常に社会を見据え、神とともにいる人なのです。

67 化ける政《まつりごと》

Ⅱ章で「職業に貴賤はない」と述べましたが、神様の視点からはあるようです。一番が宗教家です。そして二番が政治家です。

宗教家は、多くの人に神の声を伝える、人類を幸福にするのが使命です。政治家は、より良き国家にする、国民の生活を豊かにして守るのが使命です。どちらも、とても高い倫理観が求められる仕事です。正しい道に多くの人を導けるのであれば、神様から大きなエネルギーをいただくことになります。

けれど逆に、宗教家も政治家も多くの人を誤った道に導いた場合、あの世で高い代償を受けます。宗教家が、過てる神の教えを流布したり、政治家が、国家・国民のことを考えずに得票の大小だけを職業として考えている場合などです。大きな責任を委ねられている以上、払う犠牲も大きくなる……まさに神一重なのです。

今、これまでの政治に対して浄化が始まっており、その趨勢はしばらく変わることはないでしょう。今までの、議席を確保するための何でもありの政治戦略は鳴りを潜めていきます。

そして日本はこれから、次の国家の将来像を決めなければいけません。国のリーダーの言うことに、「はい、そうですか」と従うだけの国民はもういないでしょうから、国家的議論がなされると思います。

予想としては、大きな政府の象徴であった国の中央集権は破綻し、小さな政府、小国寡民にならざるをえなくなります。物を粗末にせず、支出を減らし、できるだけ大きな富を得て、余った富は蓄財し、無理ない程度の分福や植福を行う。そんな、〝今を生きる国家〟へと構造が変わります。

また、大きな問題としては憲法改正。国家が自立するためには軍備がいるのではないか。

そして、現憲法にはありませんが、長らく日本は信仰をもって国を統治してきましたので、憲法に「信仰」という言葉は必要ないのか等、憲法改正の議論はこれからが本当の正念場を迎えます。政治家たちは、真正面から国民と向き合えるのでしょうか？　自立した、世界に誇れる国家を創るためには、避けて通れない議論の一つだと考えます。

今の政治家は、国民一人ひとりに「愛」という言葉を真摯に語れるのでしょうか？　男女の愛ではなく「人間愛」です。また、「国家の繁栄」とは何か、国民に語りかけることができるのでしょうか？

かつての幕末の国策プランナーである横井小楠は、「政治は、万民のためを判断基準とする王道を歩むべきで、権謀術数による覇道を排すべきだ」と説きました。

これからの新しい国の創生にあたり、王道を進む強いリーダーが求められてきます。そのリーダーは、置かれている環境で、愛情を持ち、智慧を持ち、徳を持ち、そしてより良き国家を創るという強い志を持っている人です。武士道を体現できる人でしょう。

そのような人は、吉田松陰や明治の志士のように神懸かります。「この世」的な限界がないのです。そして、その強い志に共鳴して、派閥によらない多くの同志が集まり、世の中が変わるのです。一人では時代は変えられません。皆で時代を変えるのです。時代に合わせてアップグレードされた古の時代の徳治政治が再来します。

リーダーは、「自分を信じ、社会を信じ、神を信じる」ことを深く肚に据えた時、化けます。国民ありきの国家を創ってくれるでしょう。善き政を期待します。

68 なぜ今Storysなのか

私がもともと、この「ＡＬＬ‐ＷＩＮの成功論」の考えを思いつき、利用しようと思ったきっかけは、「まちづくりの活性化」のためでした。

行政の進めるまちづくりには特徴があります。「補助金や予算を確保できる企画をつくり、企画どおり実行し、記録を残すこと」です。これはこれでありなのですが、「事業そのものは単年度が原則で、単発的になりがちなこと。そして、担当者の異動によって、ややもするとゼロベースになる」のが大きな欠点でした。税金は例外を許しません。すなわち、事業をやるにしても、規模の小さい自治体においては、財源や補助金の使途に制約される企画となるし、補助金がなくなれば、その事業もなくなるというパターンです。

補助金は全国一律に募集するため、例えば観光に関することを見ても、自分の町でも、隣町でも、遠く離れた町でも、同じような施策・事業が展開されるため、日本全国、金太郎飴みたいになり、その地域独自の文化が根付きません。

Storysは、過去の成果を現在に関連付けすることも可能です。過去の成果を「的」と捉えて、これから進む方向性を決めるのも役に立ちます。何のための「まちづくり」なのかは、各地域で異なるでしょうが、過去とリンクさせることで、案外その地域の持つ独自の魅力が浮き彫りになってくるかもしれないと考え、実際に私は、「まちづくりの活性化」をStorysの考えで進めようとしていました。コロナ禍で「まちづくりの活性化」は自粛されてしまいましたが、社会が落ち着いたら、また再開しようと思っています。

時代が変わる時、価値が大きく変わります。本書では、それを「価値反転の時代」と言っていますが、今までの価値での行き詰まりを感じ、皆、迷います。その時に、次の時代の目安になる考え方の一例を出すことがStorysの役割だと考えました。世界や日本で様々な苦難、困難が続いていますが、これは次の時代への生みの苦しみだとも感じます。

そして、そうした時には必ず〝明るい考え方〟が世の中に流行るのです。明治維新時であれば、サミュエル・スマイルズの『自助論』を中村正直氏が訳した『西国立志編』、第二次世界大戦敗戦後であれば、谷口雅春氏の『生命の実相』がそれにあたるでしょう。歴史を顧みると、必ずその時代を司る思想があります。このStorysにそこまでのポテンシャルがあるかはわかりませんが、少しでも、ほんの少しでも、本書を読まれた方に光を、希望を、勇気を届けたいのです。

このStorysはたやすく「ツール化もできるし、『いいね』もできる」と思います。ただし、ツール化する時は、神理をよく学んでからにしてください。神様のルールを勝手に解釈し、曲げてしまうと、因果応報で罪を生み、罰を受けます。それさえ心得ていて、光の方向に心が向いていれば、大丈夫です。

そして、なぜ今Storysなのか——。

それは、人間のつくった法や唯物論が人間の生き方を決める社会から、神様が造られた世界のもと、神の子として人間らしく生きる社会、すなわち「霊性の時代」への架け橋が必要だからです。

69 人間完成への道

『ALL-WINの成功論　——大切なあなたのStorys』も、残り二項となりました。
本書を執筆するにあたり、主に次の二冊の書籍を参考としました。
一つは、大川隆法氏著の『太陽の法　エル・カンターレへの道』（幸福の科学出版）です。この本は宗教書です。神の世界がどのようになっているか、仏法真理とはどういうものかが明快に説かれています。日本人であれば、一生のうちに一回は読んでおきたい本の一つです。（※土屋書店から出版された旧著では「神理」と書かれている部分が、新著である幸福の科学出版のものでは「仏法真理」に改訂されています。本書は「神理」で統一しています）
二つ目は、池田貴将氏編訳の『覚悟の磨き方　超訳　吉田松陰』（サンクチュアリ出版）

です。現代語に置き換えられて書かれた本書には、激動の続くこの時代に、戦わなければいけない時代に必要な考え、心構えが説かれています。我々日本人が心の奥底に秘めている「武士道精神」です。気持ちが落ちている時にこの本を読むと、勇気が出ます。特に若い方にお勧めします。

この世には価値観の異なる多様な人々がいて、必ずしも正しい教えが大多数に受け入れられるとは限りません。日本だけでなく、世界にも目を向けると、様々な国があり、文化があり、言葉の違いがあり、肌の色も違います。けれど、その人たちも私たちと同様に「人生の目的」があり、今を生きています。そして「幸せ」になる権利があります。我々人間はどうしても、自分と考え方が似ている人や波長の合う人との交わりが多くなりますが、考え方や話が合わない人とも相まみえて、少しでも感化し合い、自分もその人も、お互い善き道へ向かう心持ちが必要だろうと思います。

「天の蔵に徳を積む」という言葉があります。

「あの人は徳がある」とは、人格が優れているとか、尊敬されるという意味です。

「徳」とは、「陰徳」とも呼ばれ、見返りを求めない良い行為のことを言います。

世の中には、掛け値なく人のお世話をする人がいらっしゃいます。その気持ちに損得勘定がなければ、その人は徳がある人なのです。

「天の蔵に徳を積む」というのは、あの世には「天の蔵」があると言われていて、この世で得た徳は、そこにどんどん積まれていくという話です。それはあの世的に言うと、霊格を増す一つの要素だとも言えます。また、中道、智慧、惻隠《そくいん》（思いやりや同情の気持ち）の心も徳を生みます。

徳は、順風の時よりも逆風の時に生まれることが多いです。まさしく、今の時代です。「難有り」という言葉は「困難」を意味しますが、これを乗り越えると、稀有な経験を得ることから、人生にとって「有難し」となります。ここでも徳が生まれます。

成功を目指していく上で、この徳の蓄積が信用となります。徳を得るとは、人間力を高める、悟りを得ることなのです。魂修行においても、このような経験を積むことが自分の霊性を高めてくれるとも言われています。

たゆまぬ努力と徳の蓄積こそが、人間力を高めて、人間完成の道へとつながるのです。

70 それでも自分のStoryが一番大事

これから始まる時代を予想し、その中で成功するにはどうしたらいいか、ということをこの本では書いてきました。

皆さんの「成功」に関する考え方は、今でもまちまちだと思います。私個人の「成功」の定義は、人生という長い道のりに用意されたいろいろな課題を解いて、成長していき、無事一生を終えることだと考えています。

繰り返しになりますが、この世に生まれてきた以上、皆さん必ず「人生の目的」があるはずです。それを見つける手助けをするのが、このStorysです。

まず、自分が自分であるために、自分のStoryが一番大事です。始まりはたった一人ですが、自分自身が成長し、そして仲間や社会とStoryをシェアすることで、人生が広がり、縁ある人と幸せを分かち合うことができます。

Ⅰ章、Ⅲ章では、主に仏教でいう「小乗」、個人に関しての「成功」に触れました。これはどちらかというとStoryです。しかし今後、世の中が進んで機会があればの話ですが、私は仏教の「大乗」の分野にあたるStorysを書きたいと思っています。結論から言うと、「シェアとリーダー」論です。これが加わることで、本当のStorysとなります。


最後になりましたが、本書をここまで読んでくださった皆様に感謝を込めて、この言葉を贈ります。

それは、「自分を信じる」ということです。

自分を信じることとは、「自信」につながります。

それが継続すると、次に「信念」が出てきます。

自分はこのような考えを持つ人間だ、と言えるようになります。

自分自身もはっきりあるし、信用もあり、信仰心も厚い状態です。

この時点までいくと、大丈夫。もう成功しています。

これからの成功の基準は、お金の多寡ではありません。自分の人生を自分らしく歩み、周りの人たちを幸せにできることが、成功の基準になります。そして、きっとそこに自分の幸せを見出せます。

神様が造られた世界は、エネルギーを増やす神仕組みがあります。一般的には、宇宙の法則とも言われています。それは、感謝、愛、優しさ、利他、正直、報恩、勇気、情熱、善の循環、進歩と調和、そして大いなるものへの畏敬の念（＝信仰）を持つことにより、分け隔てなく誰でも得られます。だからStorysには神様が欠かせないのです。

このような世の中で、正しい信仰心と自信を持ち、善き行いをすれば、必ず成功します。たとえ今世で成功できなくても、来世に必ず花が咲きます。

大変な状態が始まり、まだしばらく続くと思いますが、悲観的にならず、希望を持って前に進みましょう。

新しい時代は、この日本から生まれます。そして私の「願い」は、皆様の成功です。

おわりに

「国難を迎えている日本のために、何かお役に立ちたい」

私がこの本を執筆するきっかけとなった率直な気持ちです。

元来、田舎暮らしで、政治家でもないし、しかも建築関係の仕事をしている自分には、何もできないだろうと思っていました。しかし、令和二年三月一一日、東日本大震災の発災日に、東北地方に大きな虹が架かりました。ちょうど新型コロナウイルス感染症が日々報道されるようになり、世間が騒がしくなっている時期でもありましたが、虹を見て、自分には何かが始まる予感がしました。その頃からでしょうか。今、日本、世界で何が起きているのか。また、起ころうとしているのか、と調べるようになったのは。最初は直感の域を超えなかった私の仮説も、様々な情報、そして今起きている現実と照らし合わせていくと、どうやら本当のことのようだと思うようになりました。

私は、零細企業の経営者をしている関係上、ビジネス書は人一倍読みました。その中で、心に響く言葉を一〇年ほど書き留めていました。それを元手に、時代が変わるこの節目に、「信仰とエネルギー」という視点から「成功と繁栄」を考えるに至り、運良く出版できた次第です。そして、私の今の心境は「我の思い、どこに届く」です。

これから数々の苦難を経て、人間が人間らしく生きられる時代へと大きく変わります。

最後に、お伝えしたいことがもう一つ。

本書を書くにあたって、私なりに自分に課したルールがありました。それは、日の本の国に縁あった人の教えで、粋な精神、思想、哲学、そして宗教をもとに、この成功論を考えるということです。私も日本人なので、本書は純国産の成功論です。グローバリズムの縮小が進む現状において、日本はもう他国をお手本にするのではなく、自分の国が世界のお手本になるための独自の考えを持つべきです。

終戦後、日本は空前の経済成長を遂げ、物質的な豊かさを手に入れました。平成初期のバブル崩壊、リーマンショック、そして今回のコロナショックで日本は大きな痛手を受けましたが、しかし、日本も我々もまだ生きています。そして今後、力強く、しなやかに復活を遂げなければいけません。その時に大事なものは何か……。我々日本人が古来より持つ「大和魂」、それを鍛錬してきた「華を愛《め》で、和し、道理を貴ぶ、『武士道精神』」だと思います。経済の回復はできるでしょう。しかしこれから先、本当の意味で日本が世界をリードしていく国家を目指すのであるならば、卓越したハード技術だけでなく、この「武士道精神（Japanese spirit）」こそ世界に広めていくべきものと心得ます。

もっと我が国、日本を信じましょう。日本の底力はこんなものではないはずです。縁あって本書を手に取られた皆様、ともに成功と繁栄を目指しましょう。私のStorysもこれからです。できるところからスタートです。まず自分のStoryを身近な人とシェアするところから始めたいと思います。

最後になりますが、本書出版の機会を授けていただいた文芸社の皆様には大変お世話になりました。この場をお借りしてお礼を申し上げます。

またお会いできる時まで。ありがとうございました。

都築　建人

参考文献

『太陽の法　エル・カンターレへの道』大川隆法（幸福の科学出版）
『覚悟の磨き方　超訳　吉田松陰』池田貴将編訳（サンクチュアリ出版）
『心。』稲盛和夫（サンマーク出版）
『武士道』新渡戸稲造／岬龍一郎訳（ＰＨＰ文庫）
『小さな会社の後継ぎ革命』浜田幸一　浜田裕史（日新報道）
『海賊とよばれた男　上・下』百田尚樹（講談社文庫）
『道をひらく』松下幸之助（ＰＨＰ研究所）
『人生を創る言葉』渡部昇一（致知出版社）

YouTube「人生を変える学校　Life Changing School」
YouTube「張陽チャンネル」

著者プロフィール

都築 建人（つづき けんと）

1965年　熊本県生まれ

東京理科大学卒

建築設計事務所主宰

建築設計業務の傍ら、自己啓発・成功論を独自に研究。執筆にいたる。

ALL-WINの成功論　大切なあなたのStorys

2021年12月15日　初版第1刷発行

著　者　都築 建人

発行者　瓜谷 綱延

発行所　株式会社文芸社

〒160-0022　東京都新宿区新宿1-10-1

電話　03-5369-3060（代表）

03-5369-2299（販売）

印刷所　株式会社フクイン

Ⓒ TSUZUKI Kento 2021 Printed in Japan

乱丁本・落丁本はお手数ですが小社販売部宛にお送りください。

送料小社負担にてお取り替えいたします。

本書の一部、あるいは全部を無断で複写・複製・転載・放映、データ配信することは、法律で認められた場合を除き、著作権の侵害となります。

ISBN978-4-286-23179-2